그 날의 시작
신원의 날

여호와의 은혜의 해와 우리 하나님 신원의 날을 전파하여
모든 슬픈자를 위로하되
[사 61:2 (개역한글)]

빛나리 지음

하늘·땅·사람

그 날의 시작
신원의 날…

[CHAPTER 01] 그 날, 전쟁의 날_4

[CHAPTER 02] 신원의 날_8

[CHAPTER 03] 부활의 열매와 첫째 부활_24

[CHAPTER 04] 일곱 왕과 여덟 번째 왕_38

[CHAPTER 05] 일곱 인과 일곱 나팔_48

[CHAPTER 06] 그 날_68

[CHAPTER 07] 지성소와 거룩한 성 새 예루살렘_76

에필로그_84

그 날의 시작
신원의 날...

1장 그 날, 전쟁의 날

> 너희는 주께 받은 바 기름 부음이 너희 안에 거하나니
> 아무도 너희를 가르칠 필요가 없고 오직 그의 기름 부음이
> 모든 것을 너희에게 가르치며 또 참되고 거짓이 없으니
> 너희를 가르치신 그대로 주 안에 거하라
> [요한1서 2:27]

Chapter 1

1장 그 날, 전쟁의 날

1. 전쟁의 날

에스겔 38장은 아직 성취되지 않은 말씀으로 곡과 마곡의 전쟁에 대해 설명하고 있다. 이 전쟁은 이스라엘의 하나님을 향한 열국의 도전인 것이다.

특이하게도 이 전쟁은 하나님의 전적인 개입하심으로 진행되고 있는 것을 볼 수 있다. 여러 날 후 말년에 곡을 갈고리로 꿰어 열국을 모아 이스라엘로 진격하도록 하시는 장면을 보게 된다.

> 너를 돌이켜 갈고리로 네 아가리를 꿰고 너와 말과 기마병 곧 네 온 군대를 끌어내되 완전한 갑옷을 입고 큰 방패와 작은 방패를 가지며 칼을 잡은 큰 무리와 그들과 함께 한 방패와 투구를 갖춘 바사와 구스와 붓과 고멜과 그 모든 떼와 북쪽 끝의 도갈마 족속과 그 모든 떼 곧 많은 백성의 무리를 너와 함께 끌어내리라
> [겔38:4~6]

하나님께서는 그 날 모인 열국 가운데 진노를 쏟아 부으신다. 그 진노하심의 주요한 재앙은 불과 유황이 비가 내리듯 한다는 것이다.

말씀 가운데 불과 유황으로 심판하시는 몇 몇 장면들을 볼 수 있다. 그 장면들은 대부분 주님의 공중강림의 날을 의미하고 있다.

그 날 모인 열국 위에 하나님의 거룩하심을 나타내시어 모두 하나님을 알게 될 것이라고 말씀하고 있다.

> 구름이 땅을 덮음 같이 내 백성 이스라엘을 치러 오리라
> 곡아 끝 날에 내가 너를 이끌어다가 내 땅을 치게 하리니
> 이는 내가 너로 말미암아 이방 사람의 눈 앞에서
> 내 거룩함을 나타내어 그들이 다 나를 알게 하려 함이라
> [겔 38:16]

이 날을 기준으로 성경 여러 곳에서 언급되고 있는 신원의 날, 여호와의 날, 진노의 날, 어둠의 날, 구름의 날, 형벌의 날, 주님의 날이 곧 예수 그리스도의 강림의 날인 것을 살펴볼 것이다.

또한 신원의 날이 주님 공중 강림의 날인 것을 토대로 일곱 인과, 일곱 나팔 그리고 부활의 열매의 의미를 살펴볼 것이다.

2. 그 날

성경에서 말씀하고 계시는 신원의 날, 여호와의 날, 진노의 날, 어둠의 날, 구름의 날, 형벌의 날, 주님의 날이 곧 예수 그리스도의 강림의 날인 것을 살펴봄으로써 보다 명확한 하나님의 뜻과 하나님의 계획을 이해할 수 있게 된다.

많은 그리스도인들이 그 날을 소망중에 바라보지 못함으로 인하여 발생되어지는 여파가 너무나도 큰 것을 보게 된다.

그 여파로는 이단 종교의 발생과 성도 개인으로는 그 날을 사모하지 못하게 되므로 영원한 것보다는 이 땅에서의 축복만을 찾게되는 기복적 신앙으로 변질 되는 모습을 보게 되는 것이다.

"진리가 너희를 자유케 하리라"고 말씀하셨다. 그러나 정작 고개를 들어 하늘을 바라보지 못하고 땅에 시선을 고정한 채 이 땅의 노예로 살아가고 있는 모습을 보게 된다.

우리는 이제 이 땅의 소망이 아닌 영원한 하나님 나라에 대한 소망으로 변화되어야 한다.

그것은 그 날의 바른 이해로부터 시작될 수 있다.

신원의 날을 통하여 많은 그리스도인들이 시대를 분별하고 바른 소망을 회복하여 주님 다시 오심을 소망중에 바라보기를 간절히 소원한다.

3. 예수 그리스도 강림의 날

신원의 날의 바른 이해를 통하여 곡과 마곡 전쟁의 날이 신원의 날, 여호와의 날, 진노의 날, 어둠의 날, 구름의 날, 형벌의 날, 주님의 날인 것을 검증하며 나아가 이 모든 날이 한 날을 의미하는 것을 확인하고자 한다.

바로 그 한 날은 예수 그리스도 강림의 날이다.

이 날을 기준으로 요한계시록의 일곱 인과 일곱 나팔의 의미와 향후 적그리스도와 관련한 일곱 머리와 열 뿔의 의미에 대해 살펴보고자 한다.

이러한 일련의 연관성을 더 분명히 알기 위하여 "부활의 열매"와 "첫째 부활"에 대해 그 다른 의미들을 살펴보게 될 것이다.

그 날의 시작
신원의 날...

2장 신원의 날

여호와의 은혜의 해와 우리 하나님의 신원의 날을 전파하여 모든 슬픈 자를 위로하되
[이사야 61:2]

Chapter 2

2장 신원의 날

본 장에서는 신원의 날의 의미를 살펴보고 곡과 마곡의 전쟁과 그 날 부어지는 진노들에 대해 비교 검토한다. 그리고 신원의 날, 여호와의 날, 진노의 날, 어둠의 날, 구름의 날, 형벌의 날, 주님의 날이 예수 그리스도의 강림의 날인 것을 기술하고자 한다.

1. 신원의 날 의미

> 여호와의 은혜의 해와 우리 하나님 신원의 날을 전파하여
> 모든 슬픈자를 위로하되
> [사 61:2 (개역한글)]

하나님께서는 신원의 날을 정해 놓으셨으며 그 날을 전파하라고 하셨다.
그 날은 슬픈자를 위로하는 위로의 날이 될 것이다.
신원의 날이 어떠한 의미에서 슬픈자를 위로하는 것인지 그 의미를 살펴보고자 한다.

신원의 날에 대해 좀 더 자세히 설명하고 있는 말씀은 이사야 34장이다.
열국과 열방에 대한 하나님의 진노하심과 열국의 진멸을 말씀하고 있다.
이는 곡과 마곡의 전쟁에서 모인 무리들 가운데 노를 나타내시어 모인 그들을 심판하시는 장면과 유사하다.

신원의 날은 악취와 피가 산들을 녹이며, 하늘의 만상이 사라지고 하늘이 두루마리 같이 말리는 날이 될 것이다.

> 이것은 여호와께서 보복하시는 날이요 시온의 송사를 위하여 신원하시는 해라
> [사 34:8]

신원의 날은 대신 복수(vengeance) 해주시는 날인 것이다. 그렇다면 누구를 위한 복수인 것인가?

그것은 바로 예수 그리스도로 인하여 죽임을 당한 성도들일 것이다.

> 큰 소리로 불러 가로되 거룩하고 참되신 대주재여 땅에 거하는 자들을 심판하여 우리 피를 신원하여 주지 아니하시기를 어느 때까지 하시려나이까 하니
> [계 6:10]

요한계시록 6장 10절의 말씀에서와 같이 죽임을 당한 이들이 큰 소리로 하나님께 복수하여 주시기를 요청하는 장면을 볼 수 있다.

하나님께서는 계획하셨던 하나님 나라의 완성을 위해 반드시 이 땅 가운데 행하셔야 할 일이 바로 심판인 것이다.

> 하늘과 성도들과 사도들과 선지자들아 그를 인하여 즐거워하라
> 하나님이 너희를 신원하시는 심판을 그에게 하셨음이라 하더라
> [계 18:20]

하나님께서는 심판의 날을 인하여 기뻐하라고 말씀하신다.

이 날은 필연적으로 일어나야만 하는 날인 것이다.

복수의 날인 신원의 날 많은 사람의 수가 죽게 되는 것을 볼 수 있다.

우리는 성경에서 말씀하고 계시는 여호와의 날이 어떠한 날인지 바르게 이해해야만 한다. 바로 신원의 날이 여호와의 날인 것이다.

여호와의 날은 하나님께서 심판하시는 날로 표현되어지고 있으며, 그 심판하시는 날에 대해 살펴보면 주로 하늘과 달이 빛을 잃는 어둠의 날로 표현되어지고 있다.
또한 땅과 하늘이 진동되고 불과 유황이 비오듯 쏟아지는 날로 묘사되고 있다.
이러한 사건들을 나타내는 여러 날들은 각각의 명칭으로 표현되고 있지만, 그 날들의 의미와 주요 키워드들을 살펴보면 모두가 같은 날인 것을 보게 된다.

이것을 이해할 수 있다면, 주님의 공중강림의 날이 보이게 될 것이다.

〈표 2-1〉을 보면 여러 날들이 같은 날임을 명확히 알 수 있다.

〈표 2-1〉 날들의 비교

날	키워드	말씀
신원의 날	열국의 심판, 여호와의 진노, 진멸, 살육, 하늘의 만상이 사라짐, 보수할 날, 유황, 불, 원수들에게 보수하시는 날, 칼의 복수, 유프라테스 강, 희생제물을 잡으시는 날, 유프라데스의 네 천사를 놓이는 날, 연월일시가 정해진 날, 사람 1/3이 죽는 날	사 34장 렘 46장 계 9장
여호와의 날	열국의 심판, 낫, 판결 골짜기, 해와 달이 캄캄하며 별들이 그 빛을 거둠, 용광로 불같은 날, 잔혹히 분냄과 맹렬히 노하시는 날, 하늘의 별들과 별 무리가 그 빛을 내지 아니함, 어둠의 날, 땅이 진동, 군대 앞에서 소리를 발하심, 두려움의 날, 구름의 날, 환난과 고통의 날	욜 2장, 3장 말 4장 사 13장 겔 30장 습 1장
진동의 날	하늘과 땅이 진동, 위에 있는 문이 열림, 만국의 보배가 이름	욜 2장, 3장 히 12장 사 24장,64장 학 2장

하나님의 날	하늘이 불에 탐, 물질이 뜨거운 불에 녹음, 새 하늘과 새 땅	벧후 3장
주님의 날	도둑같이 임하심, 하늘이 큰소리로 떠나감, 물질이 뜨거운 불에 풀어짐, 모든 일이 드러남	
곡과 마곡 전쟁의 날	이스라엘 전쟁, 하나님을 알게 하심, 진노, 지진, 산과 성벽이 무너짐, 전염병, 불과 유황, 피를 마심, 심판	겔 38장, 39장
형벌의 날 (징벌의 날)	기록된 모든 것을 이루는 형벌의 날, the days of vengeance	눅 21:22
예수 그리스도 공중 강림의 날 (휴거)	해가 어두워지며 달이 빛을 내지 않음, 별들이 하늘에서 떨어지며 하늘에 있는 권능들이 흔들림, 구름을 타고 오심, 천사들을 보내어 택하신 자들을 모으심, 여호와의 영광이 임함, 어둠의 날, 먼 곳에서 안기어 옴, 형상으로 변화, 많은 사람이 깨어나 영생을 받음, 죽은 자들의 부활, 분노하심, 처소에서 나오심, 벌하심	마 24장 막 13장 사 26장, 60장 학 2장 살전 4장 고후 3장 단 12장 전 12장

위의 〈표 2-1〉에서와 같이 신원의 날은 여호와의 날, 진노의 날, 어둠의 날, 구름의 날, 형벌의 날, 주님의 날로 표현되어 지고 있다.

이 모든 날 부어지는 재앙들과 현상들 그리고 그 재앙의 의미들을 면밀히 살펴볼 때 모두 같은 날을 말씀하고 있는 것을 알 수 있다.

더욱이 이 모든 날의 특징들이 에스겔 38장에서 언급하고 있는 곡과 마곡의 전쟁때 부어지는 하나님의 진노를 표현하고 있는 것을 보게 된다.

> 또 롯의 때와 같으리니 사람들이 먹고 마시고 사고 팔고 심고 집을 짓더니
> 롯이 소돔에서 나가던 날에
> 하늘로부터 불과 유황이 비오듯 하여
> 그들을 멸망시켰느니라 인자가 나타나는 날에도 이러하리라
> [눅 17:28~30]

위의 말씀에서와 같이 롯이 소돔에서 나가던 날 하늘로부터 불과 유황이 비오듯 쏟아졌다. 주님께서 강조하셨던 것이 무엇인지 바르게 이해할 때 그 날을 조금 더 이해할 수 있게 된다. 그것은 바로 그 날 하늘로부터 불과 유황이 비오듯 한다는 것이다. 불과 유황의 사건을 토대로 말씀을 살펴볼 때 그 날이 보여지기 시작한다.

바로 그 사건은 앞서 보았던 에스겔38장에서 부어지는 재앙을 의미하고 있는 것이다.

> 내가 또 전염병과 피로 그를 심판하며
> 쏟아지는 폭우와 큰 우박덩이와 불과 유황으로
> 그와 그 모든 무리와 그와 함께 있는 많은 백성에게 비를 내리듯 하리라
> [겔 38:22]

에스겔38장에서 놀랍게도 불과 유황으로 심판하시는 장면이 나오는 것을 볼 수있다. 성경에서 불과 유황으로 심판하고 계시는 장면은 모두 세군데이다. 바로 소돔과 고모라, 곡과 마곡의 전쟁의 날, 그리고 요한계시록 9장 유브라데에서의 진노의 장면을 보게 된다.

불과 유황이 부어지는 그 날은 곡과 마곡의 전쟁의 날이며, 요한계시록에서 말씀하고 계시는 년 월 일시가 정해져 있는 바로 그 날인 것이다.

신부인 교회가 들림 받는 그 날도 동일하게 하늘로부터 불과 유황이 비오듯 쏟아 부어지게 될 것이다.

이는 하나님께서 말씀하신 불의 심판의 날이 될 것이기 때문이다.

> 환난 받는 너희에게는 우리와 함께 안식으로 갚으시는 것이 하나님의 공의시니
> 주 예수께서 저의 능력의 천사들과 함께 하늘로부터 불꽃 중에 나타나실 때에
> [살후 1:7]

주님께서 공중에 임하실 그 날, 하늘에는 불꽃이 가득하게 될 것이다.

이는 주님의 날 불과 유황의 심판이 있음을 의미하는 것이다.

따라서 신원의 날은 신부인 교회가 첫째 부활의 열매로 끌어올림을 받는 것과 거의 동시에 이 땅에 남은 자들에게 불로 심판하시는 날인 것이다.

이 날을 시작으로 세상은 7년 대환란으로 들어가게 될 것이다.

2. 신원의 날(여호와의 날)과 환란의 시작

성경에서 말씀하고 계시는 휴거는 구름 위로 끌어 올림을 당하는 것을 의미하고 있다. 그리고 끌어올림을 당하는 것은 순서가 있다.

휴거는 곧 신부인 교회가 부활의 몸을 입게 되는 것을 의미한다.

거룩한 성 새 예루살렘에 들어가기 위해 신부인 교회는 예수 그리스도의 형상으로 변화되어야 하는 것이다.

이것이 바로 부활의 열매인 것이다.

예수 그리스도께서는 부활의 첫 열매가 되셨다. 그리고 주님께서 공중에 강림하시는 날이 바로 신부인 교회가 두 번째 부활의 열매가 되는 날인 것이다.

데살로니가전서 4장에 보면 그 순서에 대해 말씀하고 있다.

첫 번째는 그리스도 안에서 죽은 자들이며, 두 번째는 산 자들이 그들과 함께 구름 속으로 끌어 올림을 받아 영원히 주와 함께 있는 것이다.

부활의 열매(휴거)를 의미하는 말씀을 구약에서 살펴보면 다음과 같다.

> 나 만군의 여호와가 말하노라
> 조금 있으면 내가 하늘과 땅과 바다와 육지를 진동시킬 것이요
> 또한 만국을 진동시킬 것이며 만국의 보배가 이르리니
> 내가 영광으로 이 전에 충만케 하리라 만군의 여호와의 말이니라
> [학 2:6~7]

만국의 보배는 바로 신부인 교회를 의미한다.

위에서 보았던 것처럼 만국의 보배인 교회가 거룩한 성 새 예루살렘에 들어가는 그 날은 땅과 육지가 진동 되어지는 날인 것을 알 수 있다.

관련된 말씀들의 주요 주제들을 주의깊게 살펴보아야 한다.

> 나 여호와가 시온에서 부르짖고
> 예루살렘에서 목소리를 발하리니 하늘과 땅이 진동되리로다
> 그러나 나 여호와는 내 백성의 피난처,
> 이스라엘 자손의 산성이 되리로다
> [욜 3:16]

요엘 3장 16절의 말씀에서처럼 하나님께서는 하늘과 땅을 진동시키실 것이다. 그리고 이와 같은 진동의 날은 히브리서에서도 언급을 하고 있다.

> 그 때에는 그 소리가 땅을 진동하였거니와
> 이제는 약속하여 가라사대
> 내가 또 한 번 땅만 아니라 하늘도 진동하리라 하셨느니라
> 이 또 한 번이라 하심은 진동치 아니하는 것을 영존케 하기 위하여
> 진동할 것들 곧 만든 것들의 변동될 것을 나타내심이니라
> 그러므로 우리가 진동치 못할 나라를 받았던 즉 은혜를 받자
> 이로 말미암아 경건함과 두려움으로
> 하나님을 기쁘시게 섬길지니
> 우리 하나님은 소멸하는 불이심이니라
> [히 12:26~29]

또 한 번 진동하시는 날은 하늘까지 진동되는 날로, 모든 피조물이 진동되는 날이 될 것이다.

그 날은 소멸의 불로 심판하시는 날이다.

부활의 열매(휴거)에 대한 보다 분명한 말씀은 다니엘 12장을 통해 알 수 있다.

> 그 때에 네 민족을 호위하는 대군 미가엘이 일어날 것이요
> 또 환난이 있으리니 이는 개국 이래로 그때까지 없던 환난일 것이며
> 그때 네 백성 중 무릇 책에 기록된 모든 자가 구원을 얻을 것이라
> 땅의 티끌 가운데서 자는 자 중에 많이 깨어 영생을 얻는 자도
> 있겠고 수욕을 받아서 무궁히 부끄러움을 입을 자도 있을 것이며
> 지혜 있는 자는 궁창의 빛과 같이 빛날 것이요
> 많은 사람을 옳은 데로 돌아오게 한자는 별과 같이 영원토록 비취리라
> [단 12:1~3]

환란이 있는 날 자는(죽은)자들의 부활(영생)이 있는 것을 알 수 있다. 이것은 데살로니가 전서 4장에 있는 자는 자들에 대한 휴거의 장면을 살펴보면 쉽게 이해할 수 있다.

> 주의 죽은 자들은 살아나고
> 그들의 시체들은 일어나리이다 티끌에 누운 자들아
> 너희는 깨어 노래하라
> 주의 이슬은 빛난 이슬이니 땅이 죽은자들을 내놓으리로다
> 내 백성아 갈지어다 네 밀실에 들어가서
> 네 문을 닫고 분노가 지나기까지 잠깐 숨을지어다
> [사 26:19~20]

죽은 자들의 일어남과 땅이 죽은 자들을 내어놓는 날의 의미는 부활을 의미하며 부활이 있는 그 날은 바로 하나님의 분노가 있는 날임을 알 수 있다.

구약에서 말씀하고 계시는 부활의 열매가 맺어지는 날(휴거)은 바로 환란의 시작을 의미한다.

이는 아버지께서 신원(복수)하시는 날이기 때문이다.

하나님께서 신원의 날을 전파하라고 하신 것과 그 소식을 들은 자들이 위로를 받게 되리라고 하신 것은 바로 이 날이 가장 기쁜 날이기 때문인 것이다.

그 날이 바로 우리가 그토록 기다렸던 예수 그리스도의 형상으로 변화 되어지는 부활의 열매가 맺어지는 휴거의 날이기 때문이다.

신원의 날이 우리에게 기쁨의 소식인 이유는 이 땅 가운데 남은 자들에게는 심판과 환란의 날이나 신부인 교회에게는 결혼예식이요 거룩한 성 새 예루살렘에 들어가는 영광의 날이 될 것이기 때문이다.

3. 어둠의 날과 불과 유황

심판하시는 날에 대해 살펴보면 어둠에 대해 말씀하고 있다.

> 일어나라 빛을 발하라 이는 네 빛이 이르렀고
> 여호와의 영광이 네 위에 임하였음이니라
> 보라 어둠이 땅을 덮을 것이며 캄캄함이 만민을 가리려니와
> 오직 여호와께서 네 위에 임하실 것이며
> 그의 영광이 네 위에 나타나리니
> 나라들은 네 빛으로, 왕들은 비치는 네 광명으로 나아오리라
> 네 눈을 들어 사방을 보라 무리가 다 모여 네게로 오느니라
> 네 아들들은 먼 곳에서 오겠고 네 딸들은 안기어 올 것이라
> [사 60:1~4]

어둠이 땅을 덮는 그 날 하나님의 아들들이 광명으로 나아갈 것이다.

휴거는 우리의 영적인 출애굽을 의미한다.

따라서 출애굽 때 일어났던 사건들을 살펴보면 우리가 앞으로 영적인 출애굽(휴거)을 하게 될 상황들을 유추해 볼 수 있다.

출애굽 열 번째 재앙이 있기 전, 아홉 번째 재앙은 바로 어둠의 재앙이었다.

> 여호와께서 모세에게 이르시되 하늘을 향하여 네 손을 내밀어
> 애굽 땅 위에 흑암이 있게 하라 곧 더듬을 만한 흑암이리라
> 모세가 하늘을 향하여 손을 내밀매
> 캄캄한 흑암이 삼 일 동안 이집트 온 땅에 있어서
> 그동안은 사람들이 서로 볼 수 없으며 자기 처소에서
> 일어나는 자가 없으되 온 이스라엘 자손들이
> 거주하는 곳에는 빛이 있었더라
> [출 10:21~23]

그 흑암이 임했던 기간은 3일이었다. 그리고 예수 그리스도께서 죽으시기 전 세상은 3시간 동안 어두움 속으로 들어갔다.

> 제 육시로부터 온 땅에 어두움이 임하여 제 구시까지 계속하더니
> [마 27:45]

앞서 보았듯이 휴거가 있는 그 날은 심판의 날(여호와의 날)이다.

그 날 해와 달이 빛을 잃는 어두움이 세상 가운데 있게 된다.

휴거가 일어나기 직전 세상은 어둠으로 들어가게 될 것이다.

그 어둠의 시간은 출애굽 전에 있었던 어둠의 기간과 동일할 것으로 생각된다.

이는 요한계시록 8장 12절의 말씀을 통해 유추해 볼 수 있다.

> 넷째 천사가 나팔을 부니 해 삼분의 일과 달 삼분의 일과
> 별들의 삼분의 일이 타격을 받아 그 삼분의 일이 어두워지니
> 낮 삼분의 일은 비추임이 없고 밤도 그러하더라
> [계8:12]

위의 말씀에서와 같이 해 삼 분의 일과 달 삼 분의 일, 별들의 삼 분의 일이 타격을 받는다는 말씀을 통해 세상이 완벽한 어두움 가운데 들어갈 것으로 유추해 볼 수 있다.

일곱 나팔은 그 날에 있을 사건에 대한 설명으로 이해 할 수 있다. 이와 관련한 것은 "5장 일곱 인과 일곱 나팔"에서 좀 더 살펴볼 것이다.

> 너희는 삼가라 내가 모든 일을 너희에게 미리 말하였노라
> 그때 그 환난 후 해가 어두워지며 달이 빛을 내지 아니하며
> 별들이 하늘에서 떨어지며 하늘에 있는 권능들이 흔들리리라
> 그 때에 인자가 구름을 타고
> 큰 권능과 영광으로 오는 것을 사람들이 보리라
> 또 그 때에 그가 천사들을 보내어 자기가 택하신 자들을
> 땅 끝으로부터 하늘 끝까지 사방에서 모으리라
> [막 13:23~27]

> 그 날 환난 후에 즉시 해가 어두워지며 달이 빛을 내지 아니하며
> 별들이 하늘에서 떨어지며 하늘의 권능들이 흔들리리라
> [마 24:29]

공중강림(휴거)이 있는 그 날, 세상은 불과 유황으로 심판받게 된다.

> 롯이 소돔에서 나가던 날에 하늘로서
> 불과 유황이 비오듯 하여 저희를 멸하였느니라
> 인자의 나타나는 날에도 이러하리라
> [눅 17:29~30]

롯이 소돔에서 나가던 날에 불과 유황이 비오듯 하였듯이 주님께서 공중에 임하시는 날에도 불과 유황이 비오듯 하여 심판받게 될 것이다. 이는 신부인 교회가 롯이 은혜로 건짐을 받았던 것 처럼 심판으로 부터 구원을 받는 날이기 때문이다.

여화와께서 심판하시는 신원의 날, 여호와의 날, 진노의 날, 어둠의 날, 구름의 날, 형벌의 날, 주님의 날은 바로 곡과 마곡의 전쟁의 날인데 그 날의 심판하시는 장면을 보면 열국 가운데 불과 유황이 비가 내리듯 쏟아지는 것을 보게 된다.

> 내가 또 전염병과 피로 그를 심판하며 쏟아지는 폭우와 큰 우박 덩이와
> 불과 유황으로 그와 그 모든 무리와 그와 함께 있는
> 많은 백성에게 비를 내리듯 하리라
> [겔38:22]

> 너희가 예루살렘이 군대들에게 에워싸이는 것을 보거든
> 그 멸망이 가까운 줄을 알라
> 그 때에 유대에 있는 자들은 산으로 도망갈 것이며
> 성내에 있는 자들은 나갈 것이며
> 촌에 있는 자들은 그리로 들어가지 말지어다
> 이 날들은 기록된 모든 것을 이루는 징벌의 날이니라
> [눅 21:20]

누가복음의 말씀에서처럼 예루살렘이 군대들에게 에워싸이는 날이 곧 그 날 신원의 날(공중강림의 날)이 될 것이다.

누가복음 21장은 주님께서 공중에 강림하시는 날과 그 때에 있을 일들을 설명하고 있다. 그 날을 함축적으로는 "징벌의 날"로 표현하고 계심을 볼 수 있다.

여기서 "징벌의 날"은 KJV에서는 "the days of vengeance"로 표현되고 있다.

그리스도인들은 이제 그 날을 바라보며 고개를 들어 하늘을 보아야 할 때이다.

> 하나님의 날이 임하기를 바라보고 간절히 사모하라
> 그 날에 하늘이 불에 타서 풀어지고 물질이 뜨거운 불에 녹아지려니와
> 우리는 그의 약속대로 의가 있는 곳인 새 하늘과 새 땅을 바라보도다
> [벧후 3:12~13]

불과 유황이 비오듯하여 물질이 뜨거운 불에 녹아지는 그 날이, 곧 주님께서 공중에 강림하셔서 신부들을 끌어올리시는 날인 것을 이해함으로 우리는 그 날을 소망중에 바라볼 수 있게 된다.

이는 우리의 소망이 썩어질 것에 있지 아니하고 썩지 아니할 영원한 것에 있기 때문이다.

이제 하나님의 날이 임하는 것을 간절히 사모하며 새 하늘과 새 땅을 바라보아야 한다. 그 날은 롯을 건져 내심같이 주님께서 신부인 교회를 끌어 올리셔서 구원하시는 날이기 때문이다.

> 일곱째 천사가 소리 내는 날 그의 나팔을 불려고 할 때에
> 하나님이 그의 종 선지자들에게 전하신 복음과 같이
> 하나님의 그 비밀이 이루어지리라 하더라
> [계 10:7]

하나님의 그 비밀은 바로 부활의 열매(휴거)를 의미하는 것이다.

이는 천사들도 살펴보기 원하는 것으로 예수 그리스도께서 나타나실 때에 우리에게 주시는 은혜의 선물인 것이다.

> 이 섬긴 바가 자기를 위한 것이 아니요 너희를 위한 것임이 계시로 알게 되었으니
> 이것은 하늘로부터 보내신 성령을 힘입어 복음을 전하는 자들로
> 이제 너희에게 알린 것이요 천사들도 살펴 보기를 원하는 것이니라
> 그러므로 너희 마음의 허리를 동이고 근신하여 예수 그리스도께서 나타나실 때에
> 너희에게 가져다 주실 은혜를 온전히 바랄지어다
> [벧전 1:12~13]

보라 내가 너희에게 비밀을 말하노니 우리가 다 잠 잘 것이 아니요 마지막 나팔에
순식간에 홀연히 다 변화되리니 나팔 소리가 나매 죽은 자들이
썩지 아니할 것으로 다시 살아나고 우리도 변화되리라
이 썩을 것이 반드시 썩지 아니할 것을 입겠고 이 죽을 것이 죽지 아니함을 입으리로다
이 썩을 것이 썩지 아니함을 입고 이 죽을 것이 죽지 아니함을 입을 때에는
사망을 삼키고 이기리라고 기록된 말씀이 이루어지리라
[고전 15:51~54]

아버지께서는 이 날을 우리에게 전해주시기를 원하고 계신다.

그 날이 바로 신원해 주시는 날이며 우리를 구름 위로 끌어 올려주시는 영광의 날이기 때문이다.

전도서 12장을 그 날에 대한 설명으로 이해하고 볼 때 새롭게 열리게 된다.

너는 청년의 때에 너의 창조주를 기억하라
곧 곤고한 날이 이르기 전에,
나는 아무 낙이 없다고 할 해들이 가깝기 전에
해와 빛과 달과 별들이 어둡기 전에,
비 뒤에 구름이 다시 일어나기 전에 그리하라
그런 날에는 집을 지키는 자들이 떨 것이며 힘 있는 자들이 구부러질 것이며
맷돌질하는 자들이 적으므로 그칠 것이며 창들로 내다 보는 자가 어두워질 것이며
길거리 문들이 닫혀질 것이며 맷돌 소리가 적어질 것이며 새의 소리로 말미암아
일어날 것이며 음악하는 여자들은 다 쇠하여질 것이며
또한 그런 자들은 높은 곳을 두려워할 것이며
길에서는 놀랄 것이며 살구나무가 꽃이 필 것이며
메뚜기도 짐이 될 것이며 정욕이 그치리니
이는 사람이 자기의 영원한 집으로 돌아가고
조문객들이 거리로 왕래하게 됨이니라
은 줄이 풀리고 금 그릇이 깨지고 항아리가 샘 곁에서 깨지고
바퀴가 우물 위에서 깨지고 흙은 여전히 땅으로 돌아가고
영은 그것을 주신 하나님께로 돌아가기 전에 기억하라
[전 12장 1~7]

어둠의 날 그리고 구름의 날 주님께서 강림하실 때 사람이 영원한 집으로 돌아가게 될 것이다.

그리고 이 땅에 남은 이들은 사라진 그들을 찾으며 조문하게 될 것이다.

그리고 맷돌질 하는 사람이 적으므로 그치게 될 것이다.

전도서 12장과 요한계시록 18장의 말씀이 유사한 것을 볼 수 있다.

> 또 거문고 타는 자와 풍류하는 자와 퉁소 부는 자와 나팔 부는 자들의 소리가 결코 다시 네 안에서 들리지 아니하고 어떠한 세공업자든지 결코 다시 네 안에서 보이지 아니하고 또 맷돌 소리가 결코 다시 네 안에서 들리지 아니하고
> [계 18:22]

전도서 12장은 이와 같은 날(신원의 날)이 이르기 전에 회개하고 돌아서기를 위해 우리에게 주신 말씀인 것이다.

> 주 여호와의 말씀이니라 볼지어다
> 그 날이 와서 이루어지리니
> 내가 말한 그 날이 이 날이라
> [에스겔 39:8]

그 날의 시작 신원의 날...

3장 부활의 열매와 첫째 부활

그러나 이제 그리스도께서 죽은 자 가운데서 다시 살아나사
잠자는 자들의 첫 열매가 되셨도다
[고전 15:20]

Chapter 3

3장 부활의 열매와 첫째 부활

1. 부활의 열매

성경에서 말씀하고 계시는 부활의 열매와 첫째 부활의 의미를 다르게 이해해야만 신원의 날이 주님의 강림의 날인 것을 보다 잘 이해할 수 있게 된다.

고린도전서 15장 20절에 "잠자는 자들의 첫 열매가 되셨도다"라고 말씀하고 있다.

> 그러나 이제 그리스도께서 죽은 자 가운데서 다시 살아나사
> 잠자는 자들의 첫 열매가 되셨도다
> [고전 15:20]

잠자는 자들은 죽은 자들을 의미하며, 부활의 열매는 바로 부활의 몸을 의미하는 것이다.

> 그가 그 피조물 중에 우리로 한 첫 열매가 되게 하시려고
> 자기의 뜻을 따라 진리의 말씀으로 우리를 낳으셨느니라
> [약 1:18]

또한 "피조물 중에 한 첫 열매가 된다"라는 것은 신부인 교회가 부활로 나아가는 것을 의미한다.

이것은 피조물 중에서는 첫째 부활의 열매가 되는 것으로 이해 할 수 있으며, 예수 그리스도를 이은 두 번째 부활의 열매로도 이해할 수 있는 것이다.

주님께서 공중에 강림하실 때 죽은 자들이 부활하여 주님의 형상으로 변화되고 그 뒤에 살아 있는 자들이 변화되어 끌어올림을 받게 된다.

고린도후서 3장 18절에서 볼 수 있듯이 부활의 열매는 곧 예수 그리스도의 형상인 것이다.

> 우리가 다 수건을 벗은 얼굴로 거울을 보는 것 같이 주의 영광을 보매
> 그와 같은 형상으로 변화하여 영광에서 영광에 이르니
> 곧 주의 영으로 말미암음이니라
> [고후 3:18]

> 그가 만물을 자기에게 복종케 하실 수 있는 자의 역사로
> 우리의 낮은 몸을 자기 영광의 몸의 형체와 같이 변케 하시리라
> [빌 3:21]

이것은 히브리서에 표현되어지고 있는 "더 좋은 부활"을 의미 하는 것이다.

> 여자들은 자기의 죽은 자들을 부활로 받아들이기도 하며 또 어떤 이들은 더 좋은
> 부활을 얻고자 하여 심한 고문을 받되 구차히 풀려나기를 원하지 아니하였으며
> [히 11:35]

따라서 우리의 신앙은 부활의 신앙이어야 한다.

신원의 날, 주님께서는 죽은 자들과 함께 공중에 강림 하실 것이다.

> 우리가 예수께서 죽으셨다가 다시 살아나심을 믿을진대 이와 같이 예수 안에서
> 자는 자들도 하나님이 그와 함께 데리고 오시리라
> [살전 4:14]

    죽은 자들의 부활과 산 자들의 부활이 있은 후, 변화된 그들은 혼인예식을 통해 거룩한 성 새 예루살렘으로 들어가게 될 것이다.
    그 뒤 이 땅에서는 7년 대환란이 있게 된다.

    7년의 대환란이 끝난 후 세상은 천년왕국으로 들어가게 될 것이다.
    천년왕국이 끝난 후 백 보좌 심판 뒤에 새 하늘과 새 땅이 열리게 된다.

    요한은 환상 가운데 그 때 하늘로부터 내려오는 거룩한 성 새 예루살렘을 보며 "신부"라고 말하는 것을 볼 수 있다.
    그 이유는 바로 신부인 교회가 부활의 몸을 입고 그곳에 들어가 아버지와 함께 있기 때문이다.
    성전의 기둥이 된 신부는 아버지와 하나 됨을 의미한다.

> 이기는 자는 내 하나님 성전에 기둥이 되게 하리니 그가 결코 다시 나가지 아니하리라
> 내가 하나님의 이름과 하나님의 성 곧 하늘에서 내 하나님께로부터 내려오는
> 새 예루살렘의 이름과 나의 새 이름을 그이 위에 기록하리라
> [계 3:12]

> 또 내가 보매 거룩한 성 새 예루살렘이 하나님께로부터 하늘에서 내려오니
> 그 준비한 것이 신부가 남편을 위하여 단장한 것 같더라
> [계 21:2]

> 일곱 대접을 가지고 마지막 일곱 재앙을 담은
> 일곱 천사 중 하나가 나아와서 내게 말하여 이르되
> 이리 오라 내가 신부 곧 어린 양의 아내를 네게 보이리라 하고
> 성령으로 나를 데리고 크고 높은 산으로 올라가
> 하나님께로부터 하늘에서 내려오는
> 거룩한 성 예루살렘을 보이니 하나님의 영광이 있어
> 그 성의 빛이 지극히 귀한 보석 같고 벽옥과 수정같이 맑더라
> [계 21:9~11]

성경 말씀에서 보면 일 년이 천년과 같다는 표현을 볼 수 있다.

신명기의 말씀을 보면 신랑은 신부를 위하여 일 년 동안 집에서 즐겁게 해줄 것을 말씀하고 있다.

> 사람이 새로이 아내를 취하였거든 그를 군대로 내어 보내지 말 것이요
> 무슨 직무든지 그에게 맡기지 말것이며
> 그는 일년 동안 집에 한가히 거하여 그 취한 아내를 즐겁게 할찌니라
> [신 24:5]

이와 같이 아버지께서 천년의 시간을 더 주신 것은 신부를 즐겁게 하기 위한 시간이며, 이스라엘과 이 땅의 왕들을 위로하기 위함인 것이다.

2. 첫째 부활

"부활의 열매"는 앞서 보았던 것처럼 주님께서 공중에 강림하시는 날 이뤄지게 된다.

그와 다른 의미로 쓰이고 있는 "첫째 부활"은 언제 일어나는 것인지 우리는 분명히 구분 지어 생각해야만 한다.

우리가 "부활의 열매"와 "첫째 부활"을 구분하지 못한다면 신원의 날과 대환란 그리고 천년왕국을 정확히 이해할 수 없게 된다.

> 이 첫째 부활에 참여하는 자들은 복이 있고 거룩하도다
> 둘째 사망이 그들을 다스리는 권세가 없고
> 도리어 그들이 하나님과 그리스도의 제사장이 되어
> 천년 동안 그리스도와 더불어 왕 노릇 하리라
> [계 20:6]

요한계시록에서 말씀하고 계시는 "첫째 부활"은 곧 7년 대환란이 끝이 나고 천년왕국에 들어가는 시기에 있는 것으로 이해할 수 있다.

그렇다면 "첫째 부활"에 참여하는 자들은 누구인 것인가?

그 대상을 알게 되면 "부활의 열매"와 "첫째 부활"을 보다 분명히 구분지어 생각할 수 있게 된다.

요한계시록 20장 4절에 보면, 그 대상은 바로 7년 환란 후반기에 적그리스도 짐승의 표를 시작하는 시점부터 발생하는 목베임을 통하여 죽임을 당한 자들인 것을 알 수 있다.

> 또 내가 보좌들을 보니 거기에 앉은 자들이 있어
> 심판하는 권세를 받았더라
> 또 내가 보니 예수를 증언함과 하나님의 말씀 때문에
> 목 베임을 당한 자들의 영혼들과
> 또 짐승과 그의 우상에게 경배하지 아니하고
> 그들의 이마와 손에 그의 표를 받지 아니한 자들이 살아서
> 그리스도와 더불어 천 년 동안 왕 노릇 하니
> [계 20:4]

따라서 우리는 "첫째 부활"을 소망하는 자들이 아닌 "첫째(피조물 중) 부활의 열매"를 소망하는 자들이어야 하는 것이다.

천년왕국의 천년이란 시간은 거룩한 성 새 예루살렘에 부활의 몸을 입고 입성한 신부들이 위로함을 받고 영광의 자리에서 즐거움 가운데 있는 신혼의 시기와도 같은 시간인 것이다.

동시에 이 땅에서의 천년은, 첫째 부활에 참여하여 주님과 함께 이 땅에서 땅의 왕으로 살아가는 자들을 위로하기 위한 시간인 것이다.

궁극적으로 그것은 이방인을 위해 넘어졌던 장자 이스라엘을 위로하기 위한 시간의 의미가 있는 것이다.

"부활의 열매"의 영광과 "첫째 부활"의 복과는 비교할 수 없는 것이다.

두 번째 부활은 천년왕국이 끝난 뒤 백 보좌 심판대에 맞춰서 일어나게 된다.

새 하늘과 새 땅에 들어가기 전에 그동안 부활하지 못했던 모든 이들이 부활하게 된다.

> 또 내가 크고 흰 보좌와 그 위에 앉으신 이를 보니
> 땅과 하늘이 그 앞에서 피하여 간 데 없더라
> 또 내가 보니 죽은 자들이 큰 자나 작은 자나
> 그 보좌 앞에 서 있는데 책들이 펴 있고
> 또 다른 책이 펴졌으니 곧 생명책이라
> 죽은 자들이 자기 행위를 따라 책들에 기록된 대로 심판을 받으니
> 바다가 그 가운데에서 죽은 자들을 내주고
> 또 사망과 음부도 그 가운데에서 죽은 자들을 내주매
> 각 사람이 자기의 행위대로 심판을 받고
> 사망과 음부도 불못에 던져지니 이것은 둘째 사망 곧 불못이라
> 누구든지 생명책에 기록되지 못한 자는 불못에 던져지더라
> [계 20:11~15]

위의 말씀에서 보면 그동안 죽었던 자들이 음부에서 나와 심판을 받게 된다.

생명책에 기록되지 못한 이들은 영원 불못 가운데 던져지는 것을 볼 수 있다 이것이 바로 "둘째 사망"이다.

바로 백 보좌 심판이 있는 때가 두 번째 부활이 있는 때이다.

여기서 한 가지 더 살펴볼 것은 음부에 있다가 부활한 그들 모두가 생명책에 기록되지 못한 자인가 하는 것이다.

말씀의 의미상 음부에서 나온 그들 모두가 생명책에 기록되지 못한 자들이 아니란 것을 알 수 있다. 즉, 음부에서 나온 그들 중 행위대로 심판받은 후 영원 불 못에서 건짐을 받게 되는 자도 있다는 것이다.

그 이유는 무엇일까?

아버지께서는 우리를 왕 같은 제사장으로 부르셨다.

그리고 주님이 우리를 철장으로 다스렸던 것처럼 "우리도 그렇게 철장을 가지고 만국을 다스릴 것"이라고 하셨다.

그렇다면 새 하늘과 새 땅에서 우리가 다스릴 자들 곧 백성은 누구인가?

> 여자가 아들을 낳으니
> 이는 장차 철장으로 만국을 다스릴 남자라
> 그 아이를 하나님 앞과 그 보좌 앞으로 올려가더라
> [계 12:5]

> 이기는 자와 끝까지 내 일을 지키는 그에게 만국을 다스리는 권세를 주리니
> 그가 철장을 가지고 저희를 다스려 질그릇 깨뜨리는 것과 같이 하리라
> 나도 내 아버지께 받은 것이 그러하니라 내가 또 그에게 새벽 별을 주리라
> 귀 있는 자는 성령이 교회들에게 하시는 말씀을 들을지어다
> [계 2:26~29]

하나님의 아들들이 된 신부는 다스릴 대상의 사람들과 나라가 반드시 있어야만 한다.

하나님의 아들들의 통치를 받게 될 백성은 바로 백 보좌 심판에서 건짐을 받은 그들이 될 것이다.

시편 49편의 말씀을 보면 그 대상을 보다 쉽게 이해할 수 있다.

> 그들은 양 같이 스올에 두기로 작정 되었으니
> 사망이 그들의 목자일 것이라
> 정직한 자들이 아침에 그들을 다스리니
> 그들의 아름다움은 소멸하고 스올이 그들의 거처가 되리라
> 그러나 하나님은 나를 영접하시리니
> 이러므로 내 영혼을 스올의 권세에서 건져 내시리로다 (셀라)
> [시 49:14~15]

스올 곧 음부에 갇힌 자들이 아침 곧 새 하늘과 새 땅 가운데에서 다스림을 받게 될 것으로 생각해볼 수 있는 말씀이다.

새 하늘과 새 땅에서의 다스림을 받게 되는 백성에 대해 조금 더 생각해 보고자 한다.

베드로전서 3장 18절 ~ 20절에 보면 주님께서 죽으시고 바로 하늘로 올려지신 것이 아닌 사흘간 지옥으로 내려가셔서 행하신 일들을 보게 된다.

> 그가 또한 영으로 가서 옥에 있는 영들에게 선포하시니라
> 그들은 전에 노아의 날 방주를 준비할 동안
> 하나님이 오래 참고 기다리실 때에 복종하지 아니하던 자들이라
> 방주에서 물로 말미암아 구원을 얻은 자가 몇 명뿐이니 겨우 여덟 명이라
> [벧전 3:19~20]

주님께서 옥으로 가셔서 갇혀있는 영들에게 선포하셨다.

그 대상은 바로 노아의 때 심판 받았던 이들이다.

그리고 그들에게 선포하셨던 것은 다름아닌 복음인 것이다.

> 이를 위하여 죽은 자들에게도 복음이 전파되었으니 이는 육체로는
> 사람으로 심판을 받으나 영으로는 하나님을 따라 살게 하려 함이라
> [벧전 4:6]

교리적으로 보면 이해하기 어려운 말씀중 하나이다.

그러나 말씀을 있는 그대로 바라보며 성령님의 인도하심을 구할 때 비로서 조금씩 이해되어지는 말씀이다.

주님께서 전하셨던 것은 다름아닌 "주님께서 그리스도이시며, 살아계신 하나님의 아들이심"을 선포 하셨던 것이다.

그것은 모든 입술이 주를 시인하며, 예수 그 이름에 무릎을 꿇게 하심이다.

> 그는 근본 하나님의 본체시나 하나님과 동등됨을
> 취할 것으로 여기지 아니하시고 오히려 자기를 비워 종의 형체를 가지사
> 사람들과 같이 되셨고 사람의 모양으로 나타나사 자기를 낮추시고
> 죽기까지 복종하셨으니 곧 십자가에 죽으심이라
> 이러므로 하나님이 그를 지극히 높여 모든 이름 위에 뛰어난 이름을 주사
> 하늘에 있는 자들과 땅에 있는 자들과 땅 아래에 있는 자들로 모든 무릎을
> 예수의 이름에 꿇게 하시고 모든 입으로 예수 그리스도를 주라 시인하여
> 하나님 아버지께 영광을 돌리게 하셨느니라
> [빌 2:6~11]

다시 우리들의 백성의 대상이 누구인지 알아보기 위해 베드로전서 4장 6절의 말씀을 보자.

> 이를 위하여 죽은 자들에게도 복음이 전파되었으니 이는 육체로는
> 사람으로 심판을 받으나 영으로는 하나님을 따라 살게 하려 함이라
> [벧전 4:6]

죽은 자들은 스올(지옥)에 있는 자들일 것이다.

그들은 육체로는 심판을 받으나 영으로는 하나님을 따라 살게 하려 함이라고 말씀하신다.

주님의 신부인 교회는 부활의 몸을 입게 된다. 이것은 육과 영 모두 새롭게 함을 받는 것으로 구원을 받은 자에게 '육체적으로 심판을 받는다'의 의미적 표현은 불가능 하다.

따라서 여기서 말씀하고 계시는 육체의 심판은 다른 의미가 있음을 알게 된다.

시편 49편에서 스올에 있는 자들이 다스림을 받게 될 것이라고 하셨다.

그리고 이사야서 65장에서는 새 하늘과 새 땅에서 살아갈 백성들의 삶을 묘사하고 있는데, 그 때에 사람들은 장수하지만 죽음이 있을 것을 말씀하고 있다.

즉, 그들(백성들)의 육체는 심판을 받아 썩어 없어지겠으나, 그들의 영은 하나님을 따라 살게 될 것이다.

새 하늘과 새 땅에서 다스림을 받는 백성의 삶을 이사야서 65장 17절 ~ 25절을 통해 보다 자세히 알 수 있다.

> 보라 내가 새 하늘과 새 땅을 창조하나니 이전 것은 기억되거나 마음에 생각나지 아니할 것이라
> 너희는 내가 창조하는 것으로 말미암아 영원히 기뻐하며 즐거워할지니라
> 보라 내가 예루살렘을 즐거운 성으로 창조하며 그 백성을 기쁨으로 삼고
> 내가 예루살렘을 즐거워하며 나의 백성을 기뻐하리니 우는 소리와 부르짖는 소리가 그 가운데에서 다시는 들리지 아니할 것이며
> 거기는 날 수가 많지 못하여 죽는 어린이와 수한이 차지 못한 노인이 다시는 없을 것이라 곧 백 세에 죽는 자를 젊은이라 하겠고
> 백 세가 못 되어 죽는 자는 저주받은 자이리라
> 그들이 가옥을 건축하고 그 안에 살겠고 포도나무를 심고 열매를 먹을 것이며
> 그들이 건축한 데에 타인이 살지 아니할 것이며 그들이 심은 것을 타인이 먹지 아니하리니 이는 내 백성의 수한이 나무의 수한과 같겠고
> 내가 택한 자가 그 손으로 일한 것을 길이 누릴 것이며
> 그들의 수고가 헛되지 않겠고 그들이 생산한 것이 재난을 당하지 아니하리니
> 그들은 여호와의 복된 자의 자손이요 그들의 후손도 그들과 같을 것임이라
> 그들이 부르기 전에 내가 응답하겠으며 그들이 말을 마치기 전에 내가 들을 것이며
> 이리와 어린 양이 함께 먹을 것이며 사자가 소처럼 짚을 먹을 것이며
> 뱀은 흙을 양식으로 삼을 것이니
> 나의 성산에서는 해함도 없겠고 상함도 없으리라 여호와께서 말씀하시니라
> [사 65:17~25]

그렇게 신부인 교회는 하나님의 아들들이 되어 새롭게 된 세상에서 만국을 다스리는 왕으로 영원히 살게 될 것이다.

부활의 몸을 입은 하나님의 아들들, 그들의 모습은 주님의 형상과도 같다.

그 의미는 하나님의 아들들이 하나님과 하나 됨을 통하여 신적인 위치에서 다스리게 될 것이기 때문이다.

> 예수께서 이르시되 너희 율법에 기록된 바 내가 너희를 신이라 하였노라 하지 아니하였느냐
> 성경은 폐하지 못하나니 하나님의 말씀을 받은 사람들을 신이라 하셨거든
> [요 10:34~35]

> 성령이 친히 우리의 영과 더불어 우리가 하나님의 자녀인 것을 증언하시나니
> 자녀이면 또한 상속자 곧 하나님의 상속자요 그리스도와 함께 한 상속자니
> 우리가 그와 함께 영광을 받기 위하여 고난도 함께 받아야 할 것이니라
> 생각하건대 현재의 고난은 장차 우리에게 나타날 영광과 비교할 수 없도다
> 피조물이 고대하는 바는 하나님의 아들들이 나타나는 것이니
> [롬 8:16~19]

그리고 요한계시록 2장 28절에 "새벽 별"을 줄 것이라고 하셨다.

이 "새벽 별"은 곧 하나님의 아들들이 다스릴 그 각자의 나라들을 의미하는 것으로 생각해 볼 수 있다.

그 이유는 주님께서 광명한 새벽별이시기 때문이다.

새롭게 열리는 새 하늘과 새 땅에서 신부인 교회가 철장으로 다스릴 새로운 나라, 새벽별을 주시기 때문이다.

> 내가 또 그에게 새벽 별을 주리라
> [계 2:28]

현 세상이 없어지고 새로운 세상이 열리게 되는 것은 모든 만물이 하나의 빛으로 시작한 것과 더불어 다시 그 빛으로 돌아가는 것을 내포하고 있다.

하나님께서 빛이 있으라 하실 때 그 빛을 통하여 만물이 시작되었다.

빛되신 예수 그리스도를 통하여 만물이 다 그로 말미암아 창조되었고 이제 모든 만물이 주에게로 다시 돌아가게 될 것이다.

그리고 다시 새롭게 시작되는 그 빛(새벽별)은 하나님의 아들들이 될 것이다.

> 이는 만물이 주에게서 나오고 주로 말미암고 주에게로 돌아감이라
> 그에게 영광이 세세에 있을지어다 아멘
> [롬 11:36]

새 하늘과 새 땅이 열리게 되는 그 때를 하나님의 아들들뿐만 아니라 온 피조물도 함께 그 날을 간절히 기다리고 있다.

> 그 바라는 것은 피조물도 썩어짐의 종 노릇 한 데서 해방되어
> 하나님의 자녀들의 영광의 자유에 이르는 것이니라
> [롬 8:21]

그리고 태초에 천지를 창조하실 때 하나님의 아들들이 기뻐했던 것처럼, 이제 신부인 교회가 하나님의 아들들이 되어 새로운 새벽별을 보며 찬란한 기쁨가운데 함께 기뻐하게 될 것이다.

> 그 때에 새벽 별들이 기뻐 노래하며
> 하나님의 아들들이 다 기뻐 소리를 질렀느니라
> [욥 38:7]

주님께서 '만물을 새롭게 하노라' 하시는 그 순간을 지켜보며 환호성을 외칠 그 시간을 간절히 기다린다.

> 보좌에 앉으신 이가 이르시되 보라 내가 만물을 새롭게 하노라 하시고
> 또 이르시되 이 말은 신실하고 참되니 기록하라 하시고
> [계 21:5]

그 날의 시작
신원의 날...

4장 일곱 왕과 여덟 번째 왕

싹이 나면 너희가 보고 여름이 가까운 줄을 자연히 아나니
이와 같이 너희가 이런 일이 일어나는 것을 보거든
하나님의 나라가 가까이 온 줄을 알라
[눅21:30~31]

Chapter 4

4장 일곱 왕과 여덟 번째 왕

1. 일곱 왕

신원의 날(공중강림)과 거의 동시에 세상은 대환란으로 들어가게 된다.
그 때 적그리스도의 통치가 시작될 것이다.
적그리스도가 세상에 나타날 때 비로서 그 날이 이르르게 될 것이다.
사도 바울은 그 날에 대해 설명하면서 적그리스도에 대해 언급하고 있다.

> 형제들아 우리가 너희에게 구하는 것은
> 우리 주 예수 그리스도의 강림하심과
> 우리가 그 앞에 모임에 관하여 영으로나 또는 말로나
> 또는 우리에게서 받았다 하는 편지로나 주의 날이 이르렀다고
> 해서 쉽게 마음이 흔들리거나 두려워하거나 하지 말아야 한다는 것이라
> 누가 어떻게 하여도 너희가 미혹되지 말라
> 먼저 배교하는 일이 있고 저 불법의 사람 곧 멸망의 아들이 나타나기 전에는
> 그 날이 이르지 아니하리니 그는 대적하는 자라 신이라고 불리는 모든 것과
> 숭배함을 받는 것에 대항하여 그 위에 자기를 높이고
> 하나님의 성전에 앉아 자기를 하나님이라고 내세우느니라
> [살후 2:1~4]

즉, 적그리스도 나타나게 되면 그 날이 가까이 온 것이다.

현재 우리가 서 있는 때가 신원의 날이 가까운 때라면, 적그리스도가 세상에 나타날 바로 그 시점이 가까이 온 것이라 생각된다.

오늘의 시대가 바로 주님께서 말씀하신 여름의 의미를 갖고 있다면, 온 세상은 적그리스도 나타나기 위한 무대를 마련하기 위해 더욱 황폐케 될 것이다.

> 싹이 나면 너희가 보고 여름이 가까운 줄을 자연히 아나니
> 이와 같이 너희가 이런 일이 일어나는 것을 보거든
> 하나님의 나라가 가까이 온 줄을 알라
> [눅 21:30~31]

마태복음 24장에서 주님께서는 그 날이 이르기 전에 세상에 난리와 전쟁의 소문과 전염병이 일어 날 것을 말씀하셨다.

적그리스도에 대해 우리가 분명히 이해하게 된다면 그 날(신원의 날)을 보다 분명히 이해 할 수 있게 될 것이다.

아버지께서는 적그리스도를 보다 분명히 이해할 수 있도록 다니엘서와 요한계시록 말씀에 그 단서들을 주셨다.
그 주요 말씀들은 바로 "일곱 머리"와 "열 뿔"에 관한 것이다.

> 지혜 있는 뜻이 여기 있으니 그 일곱 머리는
> 여자가 앉은 일곱 산이요 또 일곱 왕이라 다섯은 망하였고 하나는 있고
> 다른 이는 아직 이르지 아니하였으나 이르면 반드시 잠깐 동안 계속하리라
> 전에 있었다가 시방 없어진 짐승은 여덟째 왕이니 일곱 중에 속한 자라
> 저가 멸망으로 들어가리라
> 네가 보던 열 뿔은 열 왕이니
> 아직 나라를 얻지 못하였으나
> 다만 짐승으로 더불어 임금처럼 권세를 일시 동안 받으리라
> 저희가 한 뜻을 가지고 자기의 능력과 권세를 짐승에게 주더라
> [계 17:9~13]

위의 말씀에서 알 수 있듯이 "일곱 머리"는 "일곱 왕"이다.

요한이 있을 때가 여섯 번째 왕인 것을 알 수 있다.

뒤에 오는 여덟 번째 왕이 곧 적그리스도이며 일곱 중에 속한 자이다.

다니엘 11장 20절은 적그리스도가 세상에 나타나기 직전의 한 사건을 보여주고 있다.

> 그 왕위를 이을 자가 압제자를 그 나라의 아름다운 곳으로 두루 다니게 할 것이나
> 그는 분노함이나 싸움이 없이 몇 날이 못 되어 망할 것이요
> 또 그의 왕위를 이을 자는 한 비천한 사람이라 나라의 영광을
> 그에게 주지 아니할 것이나 그가 평안한 때를 타서 속임수로 그 나라를 얻을 것이며
> [단 11:20~21]

세금과 관련한 한 왕이 암살로 죽게 되면 비열한 사람이 왕이 될 것이다.

이 사건을 통하여 세상은 적그리스도가 등장하기 위한 소용돌이 속으로 들어가게 될 것이며 마침내 세상은 적그리스도를 맞이 하게 될 것이다.

2. 여덟 번째 왕

그런데 "전에 있었다가 시방 없어진 짐승"에 대해 말씀하시면서 일곱 중에 속한자 곧 여덟째 왕에 대해 설명하고 있는 것을 볼 수 있다.

여덟째 왕이 멸망으로 이끌고 가게 될 것을 말씀하고 있는 것이다.

그렇다면 여덟째 왕과 일곱째 왕이 다른 사람을 의미하는 것인가?

이것을 이해할 수 있도록 "전에 있었다가 시방 없어진 짐승"에 대한 단서를 넣어 주셨다.

> 그의 머리 하나가 상하여 죽게 된 것 같더니 그 죽게 되었던 상처가 나으매
> 온 땅이 놀랍게 여겨 짐승을 따르고
> [계 13:3]

요한계시록의 말씀을 보면 적그리스도가 머리가 상하여 죽게 되었다 살아나게 되는 것을 보게 된다.

즉 "전에 있었다가 시방 없어진 짐승"은 곧 적그리스도 그 자신을 의미한다.

7년 환란이 시작하면서부터 적그리스도의 활동이 시작되지만 그가 세상을 본격적인 멸망으로 이끌지는 않는다.

그러나 그가 죽게 되고(전에 있었다가 시방 없어진 짐승) 다시 살아나면서(일곱 중에 속한 자) 성전에 앉아 자신이 하나님이라 하며 드디어 세상을 멸망으로 이끌어가는 것을 말씀을 통해 보게 된다.

> 네가 본 짐승은 전에 있었다가 지금은 없으나 장차 무저갱으로부터 올라와
> 멸망으로 들어갈 자니 땅에 사는 자들로서 창세 이후로
> 그 이름이 생명책에 기록되지 못한 자들이
> 이전에 있었다가 지금은 없으나 장차 나올 짐승을 보고 놀랍게 여기리라
> [계 17:8]

요한계시록 17장 8절의 말씀을 통해 보다 분명히 그 의미를 이해할 수 있게 된다.

"이전에 있었다가 지금은 없으나 장차 나올 짐승"이 곧 적그리스도가 죽음 가운데서 다시 살아나온 것을 나타내는 말씀인 것이다.

보다 자세한 설명은 요한계시록 13장 14절에 있다.

적그리스도가 칼로 상함을 당할 것을 예언하고 있다.

> 짐승 앞에서 받은 바 이적을 행함으로 땅에 거하는 자들을 미혹하며
> 땅에 거하는 자들에게 이르기를 칼에 상하였다가 살아난 짐승을 위하여
> 우상을 만들라 하더라
> [계 13:14]

이와 같이 7년 대환란 전반기가 끝나갈 무렵 적그리스도는 칼에 의하여 머리가 완전히 상함을 받고 죽게되어지며, 이후 사단이 권세를 줌으로 다시 살아나 성전에 앉아 자신이 하나님이라 하며 짐승의 표를 시작하게 되는 것을 알 수 있다.

이는 거짓 선지자가 환란 후반기에 등장하면서 죽게 된 상처가 나은 적그리스도를 신격화 하며 본격적인 활동을 하게 되는 것으로 인하여 시작된다.

거짓 선지자가 행하는 일은 짐승의 표의 시작과 우상에게 권세를 주어 말하게 하는 것과 적그리스도를 경배하게 하는 일이다.

> 그의 머리 하나가 상하여 죽게 된 것 같더니 그 죽게 되었던 상처가 나으매
> 온 땅이 놀랍게 여겨 짐승을 따르고
> [계 13:3]

> 그가 먼저 나온 짐승의 모든 권세를 그 앞에서 행하고 땅과 땅에 사는 자들을
> 처음 짐승에게 경배하게 하니 곧 죽게 되었던 상처가 나은 자니라
> [계 13:12]

> 그는 대적하는 자라 신이라고 불리는 모든 것과 숭배함을 받는 것에 대항하여
> 그 위에 자기를 높이고 하나님의 성전에 앉아 자기를 하나님이라고 내세우느니라
> [살후 2:4]

칼에 의해 상함을 받게 되는 것은 암살을 의미한다.

어떤 세력이 왜 그와 같은 일들을 벌이게 되는 것일까?

다니엘 11장 21절 이하의 말씀은 북방왕과 남방왕과의 싸움으로 묘사되고 있으며, 이는 곧 적그리스도(북방왕)와 다른 세력과(남방왕)의 다툼이 있음을 보여주고 있는 것이다.

일곱 번째 왕과 그에 속한 여덟째 왕은 곧 적그리스도를 의미한다.

말씀 가운데 묘사하고 있는 적그리스도는 〈표4-1〉과 같다.

〈표 4-1〉 적그리스도

구분	내역	말씀
한 이레 조약	많은 사람과 더불어 한 이레 조약을 맺음	단 9:26~27
	이레 절반에 제사와 예물을 금지	
	가증한 것이 날개를 의지하여 설 것	
자신을 높임	어떤 신보다 크다고 자랑 함	단 11:36~39
	모독하는 말로 하나님을 대적	
	자신을 인정하는 자들에게 땅을 나누어 줌	
비열한 사람	비열한 사람	단 11:21~22
	평온한 때를 틈타 못된 책략으로 권력을 잡음	
엄장하고 궤휼에 능함	스스로 높아짐	단 8:11~25
	매일 드리는 제사를 패하고 성소를 힐음	
	얼굴이 뻔뻔하며 속임수에 능함	
	자의로 행하며 거룩한 백성을 멸함	
	스스로 큰체하며 평화한 때에 무리를 멸함	
	만왕의 왕을 대적	
열왕	열왕에게 나라를 줌	계 17:12
창녀를 미워함	창녀(음녀)를 미워하여 불로 태워 버림	계 17:16

위의 〈표 4-1〉에서와 같이 적그리스도가 할 일들이 명확하게 언급되어져 있는 것을 볼 수 있다.

적그리스도가 칼에 상하여 죽게되어지는 사건은 바로 음녀에 의한 것으로 생각해 볼 수 있다.

음녀의 세력이 환란 중반기 때 적그리스도를 음해하게 되며 열 왕중에 세 왕이 이에 합세할 것으로 생각 된다.

이는 다니엘의 환상을 통해 보다 분명히 알 수 있다.

> 그 네 큰 짐승은 세상에 일어날 네 왕이라
> 지극히 높으신 이의 성도들이 나라를 얻으리니
> 그 누림이 영원하고 영원하고 영원하리라
> 이에 내가 넷째 짐승에 관하여 확실히 알고자 하였으니 곧 그것은 모든 짐승과 달라서 심히 무섭더라 그 이는 쇠요 그 발톱은 놋이니 먹고 부서뜨리고
> 나머지는 발로 밟았으며
> 또 그것의 머리에는 열 뿔이 있고 그 외에 또 다른 뿔이 나오매
> 세 뿔이 그 앞에서 빠졌으며 그 뿔에는 눈도 있고 큰 말을 하는 입도 있고
> 그 모양이 그의 동류보다 커 보이더라
> [단 7:17~20]

네 짐승은 네 나라를 의미한다.
그 중 마지막 네 번째 나라가 곧 7년 대환란 기간에 세워지는 나라를 의미한다.

네 번째 나라는 적그리스도가 통치하게 되는 나라로 "열 뿔"이 있음을 알 수 있다.
그 "열 뿔"은 곧 "열 왕"을 의미한다.
적그리스도의 세력이 세상을 New World Order로 만들어 갈 때 각 지역을 10구역으로 나누게 될 것이다.

그 10구역을 다스리는 사람이 곧 열 뿔(열 왕)인 것이다.

적그리스도가 죽다가 다시 살아나게 되는 것을 다른 뿔 하나가 나오는 것으로 이해 할 수 있다.

> 내가 그 뿔을 유심히 보는 중에 다른 작은 뿔이 그 사이에서 나더니
> 첫 번째 뿔 중의 셋이 그 앞에서 뿌리까지 뽑혔으며
> 이 작은 뿔에는 사람의 눈 같은 눈들이 있고 또 입이 있어 큰 말을 하였더라
> [단 7:8]

> 또 그것의 머리에는 열 뿔이 있고 그 외에 또 다른 뿔이 나오매
> 세 뿔이 그 앞에서 빠졌으며 그 뿔에는 눈도 있고 큰 말을 하는 입도 있고
> 그 모양이 그의 동류보다 커 보이더라
> [단 7:20]

새로운 뿔이 나올 때 세 뿔이 그 앞에서 빠진 것으로 보아 열 왕중의 세 왕이 멸함을 당한 것으로 보여진다.

즉, 음녀와 결탁한 세 왕이 망하게 된 것으로 볼 수 있다.

> 그 열 뿔은 그 나라에서 일어날 열 왕이요 그 후에 또 하나가 일어나리니
> 그는 먼저 있던 자들과 다르고 또 세 왕을 복종시킬 것이며
> 그가 장차 지극히 높으신 이를 말로 대적하며 또 지극히 높으신 이의 성도를 괴롭게
> 할 것이며 그가 또 때와 법을 고치고자 할 것이며
> 성도들은 그의 손에 붙인 바 되어 한 때와 두 때와 반 때를 지내리라
> [단 7:24~25]

신원의 날이 가까워질수록 세상은 신 세계 질서를 향해 더욱 나아가게 될 것이며, 이를 토대로 적그리스도가 등장하게 될 것이다.

하나님의 날이 임하기를 바라보고 간절히 사모하라
그 날에 하늘이 불에 타서 풀어지고 물질이 뜨거운 불에 녹아지려니와
[벧후 3:12]

그 날의 시작 신원의 날...

5장 일곱 인과 일곱 나팔

> 내가 진실로 너희에게 이르노니
> 심판 날에 소돔과 고모라 땅이 그 성보다 견디기 쉬우리라
> [마 10:15]

Chapter 5

5장 일곱 인과 일곱 나팔

신원의 날이 곧 주님께서 공중에 강림하시는 날이며, 에스겔 38장에서 언급하고 있는 곡과 마곡의 전쟁이 그 날에 있을 사건이라는 것을 전제로 볼 때, 요한계시록의 일곱 인과 일곱 나팔을 보다 명확하게 이해할 수 있게 된다.

1. 일곱 인

앞서 살펴보았던 것과 같이 그 날은 아버지께서 하늘 문을 여시고 나오셔서 진노를 쏟아 부으시는 날이다.

그 날은 소돔과 고모라 때와 같이 불과 유황으로 심판 받게 되는 날이 될 것이다.

> 내가 진실로 너희에게 이르노니
> 심판 날에 소돔과 고모라 땅이 그 성보다 견디기 쉬우리라
> [마 10:15]

그 날 있게 될 일들의 일련의 순서들을 살펴보면서 "일곱 인"과 "일곱 나팔"의 연계성을 살펴보고자 한다.

제자들이 예수님께 주님의 공중 강림 때 어떤 일들이 있을지 물었다. (마24:3)
그 때 주님께서 제자들에게 여러 가지를 순차적으로 말씀하셨다.

〈표 5-1〉 그 날의 순서

구분	내역	말씀
미혹하는 일	많은 사람이 내 이름으로 옴	마 24:5~6
	나는 그리스도라 하여 많은 사람을 유혹	
	난리와 난리 소문을 듣게 됨	
나라가 나라를 대적	민족이 민족을, 나라가 나라를 대적	마 24:7~8
	곳곳에 기근과 지진	
	전염병의 시작	
그리스도인들의 핍박과 순교	사람들이 너희를 환난에 넘겨주며 죽임	단 11:21~22
	많은 사람이 실족 됨	
	서로 잡아주고 서로 미워함	단 8:11~25
	거짓 선지자가 많이 일어나 사람을 미혹	
	불법이 성하므로 많은 사람의 사랑이 식음	
	끝까지 견디는 자는 구원을 얻음	
신원의 날(그 날 , 곡과 마곡의 날, 휴거의 날)		
곡과 마곡	곡을 아버지께서 이끌어 내심	겔 38
	곡이 많은 백성의 군대들과 함께 이스라엘산에 이르러 예루살렘을 둘러 쌈	
	많은 백성이 광풍 같이, 구름 같이 땅을 덮음	
	이스라엘을 노략하려고 함	
	하나님의 거룩함을 나타내어 그들이 알게 하심	
	하나님의 노여움이 나타나심	
	모든 피조물이 하나님 앞에서 떨게 됨	
	모든 산이 무너지며 서역이 무너짐	
	전염병, 폭우, 큰 우박덩이, 불과 유황이 비 내리듯 함	
예루살렘이 군대에 에워싸임	예루살렘이 군대들에게 에워싸임	눅 21:20
	유대에 있는 자들은 산으로 도망감	
	이 날들은 기록된 모든 것을 이루는 징벌의 날	
그 날 (휴거)	해가 어두워 짐	마 24:29~31
	하늘의 권능들이 흔들림	
	인자의 징조가 하늘에서 보임	
	모든 족속들이 통곡	
	인자가 구름을 타고 능력과 큰 영광으로 오는 것을 봄	
	큰 나팔 소리와 함께 택하신 자들을 모음	

이방 나라들을 멸하심	예루살렘이 에워싸이게 됨	슥 12
	그 날에 예루살렘 주민을 보호하심	
	이방 나라들을 멸하심	
	그들이 그 찌른 바 그를 바라보고 애통하기를 독자를 위하여 애통함 같이 함	
7년 환란 시작 후 3년 6개월이 되는 시점		
멸망의 가증한 것	멸망의 가능한 것이 거룩한 곳에 서게 됨	마 24:15~16
매일 드리는 제사를 폐함	매일 드리는 제사를 폐하며 멸망하게 할 가증한 것을 세우게 됨	단 12:11~12

그 날을 향해 나아갈 때 발생하게 되는 일들을 〈표 5-1〉에서와 같이 알 수 있다.

위의 표에서와 같이 신원의 날인 그 날에 이스라엘에 대한 열국의 침략이 있을 것이며, 그 날 아버지께서 예정하셨던 진노를 쏟아 부으실 것이다.

그 날 불과 유황으로 심판하시기 전에 소돔과 고모라에서 롯의 가족을 건지셨던 것과 같이 주님의 신부인 교회를 마지막 나팔 소리와 함께 부활의 영광으로 끌어 올리실 것이다.

그 뒤 이 땅은 큰 혼돈 가운데 7년 대환란으로 들어가게 될 것이다.

지금 이 시대에 전염병이 시작되었다.

신원의 날이 가까이 온 지금, 세상에서는 전쟁의 소문과 난리가 더욱 일어날 것이며, 세상 곳곳에 기근과 지진이 일어나게 될 것이다.

얼마간의 시간이 지나면 드디어 그리스도인들을 핍박하며 죽이는 일들이 세상 가운데 일어나게 될 것이다.

그렇게 순교의 피가 차게 되면 아버지께서 친히 하늘 문을 여시고 임하셔서 심판하시게 될 것이다.

그 날 주님께서 불꽃 가운데 공중에 강림하셔서 신부들을 맞이하시게 될 것이다.

> 다섯째 인을 떼실 때에 내가 보니 하나님의 말씀과
> 그들이 가진 증거로 말미암아 죽임을 당한 영혼들이 제단 아래에 있어
> 큰 소리로 불러 이르되 거룩하고 참되신 대주재여 땅에 거하는 자들을 심판하여
> 우리 피를 갚아 주지 아니하시기를 어느 때까지 하시려 하나이까 하니
> 각각 그들에게 흰 두루마기를 주시며 이르되 아직 잠시 동안 쉬되
> 그들의 동무 종들과 형제들도 자기처럼 죽임을 당하여
> 그 수가 차기까지 하라 하시더라
> [계 6:9~11]

2. 일곱 나팔

요한계시록의 인과 나팔은 그 날의 보다 자세한 설명으로 이해해야 한다.

일곱 인은 마태복음에서 말씀하셨던 재앙들의 순서적인 의미로 볼 수 있다.

여섯 번째 인과 일곱 번째 인은 가장 중요한 신원의 날(공중 강림)에 대한 설명으로 이해할 수 있다.

그리고 일곱 나팔은 신원의 날(공중 강림의 날)에 있을 사건들을 보다 상세하게 설명하는 것으로 볼 수 있다.

특히 나팔이 불리워지는 순서를 시간적 순서로 이해해서는 안된다.

나팔이 불리워지는 것이 순서적으로 표현되어 있지만, 그 시간적인 순서는 동시 또는 병행으로 시작되는 것으로 이해해야만 한다. 특히 여섯 번째와 일곱 번째 나팔 사건은 더욱 병행의 의미로 해석해야 한다.

즉, 나팔이 불리워지는 것은 그 일의 시작을 의미하는 것으로 일의 진행은 각 나팔들과 동시적, 병행적 진행을 가지게 된다. 그리고 그 사건들이 끝나는 시점은 순서적으로 다를 수 있음을 이해해야 한다.

곡과 마곡의 전쟁이 곧 신원의 날이며, 그 날이 주님께서 신부들을 끌어 올리시는 구원의 날이며, 그 날이 신부가 거룩한 성 새 예루살렘에 입성하는 부활의 날인 것을 기준으로 살펴보게 되면 모든 것이 새롭게 정렬되기 시작한다.

<표 5-2> 일곱 인

구분	내역	말씀
첫 번째 인	흰 말과 활을 가진 자가 이기려고 함	계 6:1~2
	계 19:11~14 백마를 타신 예수님	
두 번째 인	붉은 말, 땅에서 화평을 제하여 서로 죽이게 함	계 6:3~4
	마 24:7~8 민족과 나라가 대적	
세 번째 인	검은 말, 한 데나리온 밀 한되, 보리 석 되	계 6:5~6
	마 24:7~8 기근과 지진	
네 번째 인	청황색 말, 검과 흉년과 사망	계 6:7~8
	마 24:7~13 기근, 지진, 환란에 넘겨줌	
다섯 번째 인	신원을 간청함, 그 수가 차기까지 기다림 신원의 날을 간구함	계 6:9~11
	마 24:9~13 환란에 넘겨줌, 사랑이 식음	
여섯 번째 인	큰 지진, 해가 검어짐, 달이 피같이 됨, 별들이 떨어짐, 하늘이 말림, 어린양의 진노에서 가리기를 요청 함, 진노의 큰 날	계 6:12~17
	마 24:29~31 해와 달이 어두워짐, 별들이 떨어짐, 하늘의 권능들이 흔들림, 인자의 징조가 보임, 택하신 자들을 모으심	
일곱 번째 인	하늘이 반 시간쯤 고요해짐	계 8:1
	일곱 나팔	

위와 같이 일곱 인은 신원의 날 주님께서 공중에 강림하셔서 신부들을 끌어올리시는 그 날(신원의 날)까지의 의미를 담고 있음을 알 수 있다.

첫 번째 인은 흰말을 타신 예수님께서 이기시려고 하시는 장면인데 이 장면은 7년 대환란의 끝에 나오는 장면을 미리 보여주시는 것으로 복선의 역할을 하고 있다.

두 번째 인은 붉은 말의 등장으로 세상에 화평이 없어지며 서로 죽이게 되는 일들이 시작되는 것을 알 수 있다. 이는 마태복음에서 말씀하셨던 민족과 나라가 대적하여 일어나는 사건으로 이해할 수 있다.

세 번째 인은 검은 말의 등장으로 세상에 흉년과 기근으로 인한 식량난이 있을 것으로 예견된다.

네 번째 인은 청황색 말로서 검과 흉년 그리고 사망을 총체적으로 언급하고 있다. 이는 세상에 전쟁과 지진, 흉년과 기근, 그리고 그리스도인들을 핍박하며 죽이는 일들을 일컬어 말씀하고 계심인 것이다.

다섯 번째 인은 먼저 순교한 이들이 아버지에게 신원하여 주시기를 간구하는 장면이다.
아버지께서는 순교의 피가 더 차야 할 것을 말씀 하신다.
신원의 날 알곡과 가라지를 가르시기 위해 아버지께서는 정하신 때까지 기다리심이다.
순교의 피가 차게 되면 신원의 날이 이르르게 될 것이다. 이 날이 곧 주님의 공중 강림의 날인 것이다.

앞으로 그리스도인들이 순교하게 되는 핍박의 시대가 있을 것이며, 그 시간은 자식이 부모를, 부모가 자식을 내어주는 시기가 될 것이다.

> 장차 형제가 형제를, 아버지가 자식을 죽는 데에 내주며
> 자식들이 부모를 대적하여 죽게 하리라
> [마 10:21]

여섯 번째 인은 주님께서 공중에 강림하시는 날에 대한 사건인 것을 알 수 있다. 신원의 날(공중 강림의 날)에 대한 주요 키워드는 〈표 5-3〉과 같다.

〈표 5-3〉 신원의 날

구분	키워드
신원의 날 (주님의 날)	열국의 심판, 여호와의 진노, 진멸, 살육, 하늘의 만상이 사라짐, 보수할 날, 유황, 불, 원수들에게 보수하시는 날, 칼의 복수, 유프라테스 강, 희생제물을 잡으시는 날, 유프라데스의 네 천사를 놓이는 날, 연월일시가 정해진 날, 사람 1/3이 죽는 날
	열국의 심판, 낫, 판결 골짜기, 해와 달이 캄캄하며 별들이 그 빛을 거둠, 용광로 불 같은 날, 잔혹히 분냄과 맹렬히 노하는 날, 하늘의 별들과 별 무리가 그 빛을 내지 아니함, 어둠의 날, 땅이 진동, 군대 앞에서 소리를 발하심, 두려움의 날, 구름의 날, 환난과 고통의 날
	하늘과 땅이 진동, 위에 있는 문이 열림, 만국의 보배가 이름
	해와 빛과 달과 별들이 어두워짐
	하늘이 불에 탐, 물질이 뜨거운 불에 녹음, 새 하늘과 새 땅
	이스라엘 전쟁, 하나님을 알게 하심, 진노, 지진, 산과 성벽이 무너짐, 전염병, 불과 유황, 피를 마심, 심판
	도둑같이 임하심, 하늘이 큰소리로 떠나감, 물질이 뜨거운 불에 풀어짐, 모든 일이 드러남
	해가 어두워지며 달이 빛을 내지 않음, 별들이 하늘에서 떨어지며 하늘에 있는 권능들이 흔들림, 구름을 타고 오심, 천사들을 보내어 택하신 자들을 모으심, 여호와의 영광이 임함, 어둠의 날, 먼 곳에서 안기어 옴, 형상으로 변화, 많은 사람이 깨어나 영생을 받음, 죽은 자들의 부활, 분노하심, 처소에서 나오심, 벌하심

〈표 5-3〉에서와 같이 그 날의 주요 키워드는 하늘의 권능이 흔들리는 것과 어둠의 날이며, 불과 유황이 비오듯 하는 날인 것을 알 수 있다.

이 날의 사건들을 기준으로 보면, 일곱 나팔은 그 날에 부어지는 일련의 사건들임을 알게 된다.

5-4〉 일곱 나팔

구분	내역	말씀
첫 번째 나팔	피 섞인 우박과 불이 쏟아짐	계 8:7
두 번째 나팔	불붙는 큰 산과 같은 것이 바다에 던져짐	계 8:8
세 번째 나팔	큰 별이 하늘에서 떨어짐, 물이 쓰게 됨	계 8:10
네 번째 나팔	해와 달, 별들의 삼 분의 일이 타격을 받아 어두워 짐	계 8:12
다섯 번째 나팔	무저갱을 염, 연기로 인하여 어두워 짐, 황충이 나옴	계 9:1~5
여섯 번째 나팔	유브라데 네 천사, 사람 삼 분의 일이 죽음, 불과 유황	계 9:13~21
일곱 번째 나팔	하나님의 비밀이 이루어짐	계 10:7

〈표 5-4〉에서와 같이 나팔은 그 날 부어지는 보다 자세한 재앙에 대한 설명인 것을 알 수 있게 된다.

여섯 번째 나팔에 나오는 유브라데 네 천사와 많은 사람이 죽게 되는 사건은 다음의 말씀들을 통해 잘 이해할 수 있다.

> 그 날은 주 만군의 여호와께서
> 그의 대적에게 원수 갚는 보복일이라
> 칼이 배부르게 삼키며 그들의 피를 넘치도록 마시리니
> 주 만군의 여호와께서
> 북쪽 유브라데 강 가에서 희생제물을 받으실 것임이로다
> [렘 46:10]

> 사면의 민족들아 너희는 속히 와서 모일지어다
> 여호와여 주의 용사들로 그리로 내려오게 하옵소서
> 민족들은 일어나서 여호사밧 골짜기로 올라올지어다
> 내가 거기에 앉아서 사면의 민족들을 다 심판하리로다
> 너희는 낫을 쓰라 곡식이 익었도다 와서 밟을지어다
> 포도주 틀이 가득히 차고 포도주 독이 넘치니 그들의 악이 큼이로다
> 사람이 많음이여, 심판의 골짜기에 사람이 많음이여,
> 심판의 골짜기에 여호와의 날이 가까움이로다
> 해와 달이 캄캄하며 별들이 그 빛을 거두도다
> [욜 3:11~15]

위의 말씀에서처럼 그 날이 곧 심판하시는 날인 것이다.

그리고 일곱 번째 나팔이 불릴 때 바로 그 종 선지자들에게 전하신 복음과 같이 하나님의 그 비밀이 이루어지게 된다.

선지자들에게 전하신 복음은 바로 "부활의 열매"이다.

마지막 나팔 소리와 함께 부활의 영광의 열매를 맺은 신부들이 거룩한 성 새 예루살렘에 들어가게 되는 것이다.

> 환난 받는 너희에게는
> 우리와 함께 안식으로 갚으시는 것이 하나님의 공의시니
> 주 예수께서 저의 능력의 천사들과 함께
> 하늘로부터 불꽃 중에 나타나실 때에
> [살후 1:7]

> 롯이 소돔에서 나가던 날에
> 하늘로서 불과 유황이 비 오듯 하여 저희를 멸하였느니라
> 인자의 나타나는 날에도 이러하리라
> [눅 17:29~30]

> 그러나 주의 날이 도둑 같이 오리니
> 그 날에는 하늘이 큰 소리로 떠나가고 물질이 뜨거운 불에 풀어지고
> 땅과 그 중에 있는 모든 일이 드러나리로다
> [벧후 3:10]

> 우리가 주의 말씀으로 너희에게 이것을 말하노니
> 주께서 강림하실 때까지 우리 살아남아 있는 자도
> 자는 자보다 결코 앞서지 못하리라
> 주께서 호령과 천사장의 소리와
> 하나님의 나팔 소리로 친히 하늘로부터 강림하시리니
> 그리스도 안에서 죽은 자들이 먼저 일어나고
> 그 후에 우리 살아남은 자들도 그들과 함께 구름 속으로 끌어 올려
> 공중에서 주를 영접하게 하시리니 그리하여
> 우리가 항상 주와 함께 있으리라
> [살전 4:15~17]

　일곱 번째 인은 하늘이 반 시간쯤 고요한 사건을 보여주고 있다.
　여섯 번째 인이 주님의 공중 강림의 날을 묘사하고 있으므로 일곱 번째 인 사건이 의미하는 것은 신부들을 인치시기 위한 것으로 볼 수 있다.

> 이 일 후에 내가 네 천사가 땅 네 모퉁이에 선 것을 보니
> 땅의 사방의 바람을 붙잡아 바람으로 하여금
> 땅에나 바다에나 각종 나무에 불지 못하게 하더라
> [계 7:1]

　요한계시록 7장 1절의 말씀에서와 같이 사방의 바람을 붙잡는 일이 생기게 된다.
　하늘이 고요하게 될 것이다.

　여섯 번째 인은 그 날의 총체적 사건을 보여주는 것이며, 일곱 번째 인은 일곱 나팔의 사건들을 통해 보다 상세한 그 날의 사건들을 보여주기 위한 것이다.

> 또 보매 다른 천사가 살아 계신 하나님의 인을 가지고 해 돋는 데로부터 올라와서
> 땅과 바다를 해롭게 할 권세를 받은 네 천사를 향하여 큰 소리로 외쳐 이르되
> 우리가 우리 하나님의 종들의 이마에 인치기까지
> 땅이나 바다나 나무들을 해하지 말라 하더라
> 내가 인침을 받은 자의 수를 들으니
> 이스라엘 자손의 각 지파 중에서 인침을 받은 자들이 십사만사천이니
> [계 7:2~4]

즉, 여섯 번째 인에서 그 날의 주요 사건들을 보여주시며, 일곱 번째 인에서 그 날의 시작을 위한 신부들의 인치는 사건을 요한계시록 7장의 장면과 연계해서 보여주시고 있다. 그리고 일곱 나팔을 통해 보다 상세한 그 날의 장면들을 보여주시고 있는 것이다.

3. 이스라엘의 민족적 회개

사도 바울은 이스라엘 민족을 향한 뜨거운 마음을 품고 있었다.
그러나 그는 그 발걸음을 이방인에게로 향할 수 밖에 없었다.

> 그러므로 내가 말하노니 하나님이 자기 백성을 버리셨느냐 그럴 수 없느니라
> 나도 이스라엘인이요 아브라함의 씨에서 난 자요 베냐민 지파라
> [롬 11:1]

이스라엘이 넘어진 것은 바로 이방인들에게 그 복음이 전해지기 위함이다.
그 천국 복음이 땅 끝까지 전해지기 위하여 장자 이스라엘의 눈이 가리워져 지금도 고통 속에 있는 것이다.

그것은 바로 나를 위한 넘어짐이며, 나를 위한 고통을 이스라엘이 받고 있는 것이다.

> 그러므로 내가 말하노니 그들이 넘어지기까지 실족하였느냐 그럴 수 없느니라
> 그들이 넘어짐으로 구원이 이방인에게 이르러 이스라엘로 시기 나게 함이니라
> 그들의 넘어짐이 세상의 풍성함이 되며 그들의 실패가 이방인의 풍성함이 되거든
> 하물며 그들의 충만함이리요
> [롬 11:11~12]

이는 그들의 넘어짐을 통하여 신부인 교회가 일어나며, 그들의 실패로 인하여 교회(이방인)는 그 풍성함 가운데 영광의 소망으로 나아가게 되는 것이다.

더욱이 이스라엘이 회복되어 그들의 눈이 열리게 되는 그 날(그들이 충만케 되어지는 그 날), 교회는 영광의 부활의 몸(충만함)을 입게 되는 것이다.

따라서 이스라엘의 회복은 곧 신부인 교회가 부활의 열매로 나아가 거룩한 성새 예루살렘에 입성하는 것을 의미한다.

성경에서 말씀하고 계시는 이스라엘의 회복을 보게 되면 그 의미를 보다 분명히 알게 된다.

> 내가 다윗의 집과 예루살렘 주민에게 은총과 간구하는 심령을 부어 주리니
> 그들이 그 찌른 바 그를 바라보고
> 그를 위하여 애통하기를 독자를 위하여 애통하듯 하며
> 그를 위하여 통곡하기를 장자를 위하여 통곡하듯 하리로다
> 그 날에 예루살렘에 큰 애통이 있으리니
> 므깃도 골짜기 하다드림몬에 있던 애통과 같을 것이라
> 온 땅 각 족속이 따로 애통하되 다윗의 족속이 따로 하고 그들의 아내들이 따로 하며
> 나단의 족속이 따로 하고 그들의 아내들이 따로 하며 레위의 족속이 따로 하고
> 그들의 아내들이 따로 하며 시므이의 족속이 따로 하고 그들의 아내들이 따로 하며
> 모든 남은 족속도 각기 따로 하고 그들의 아내들이 따로 하리라
> [슥 12:10~14]

스가랴 12장을 통해 이스라엘의 눈이 열리는 장면을 볼 수 있다.

아버지께서 그 심령가운데 은혜를 부어주셔서 예수 그리스도를 드디어 보게 되는 날이 오게 되는 것이다.

스가랴서에서 말씀하고 계시는 그 날은 바로 예루살렘이 군대들에게 둘러싸이는 전쟁의 날인 것을 알 수 있다.

> 이스라엘에 관한 여호와의 경고의 말씀이라 여호와 곧 하늘을 펴시며
> 땅의 터를 세우시며 사람 안에 심령을 지으신 이가 이르시되
> 보라 내가 예루살렘으로 그 사면 모든 민족에게 취하게 하는 잔이 되게 할 것이라
> 예루살렘이 에워싸일 때에 유다에까지 이르리라
> 그 날에는 내가 예루살렘을 모든 민족에게 무거운 돌이 되게 하리니
> 그것을 드는 모든 자는 크게 상할 것이라 천하만국이 그것을 치려고 모이리라
> [슥 12:1~3]

> 그 날에 죄와 더러움을 씻는 샘이 다윗의 족속과 예루살렘 거민을 위하여 열리리라
> [슥 13:1]

그 날 공중에 강림한 예수 그리스도를 보고 그들은 독자를 잃은 것처럼 애통해 하며 민족적 회개를 하게 될 것이다.

그리고 이 땅에 남은 그들은 환란의 전반기동안 양육되어지며, 이윽고 목베임을 통해 순교함으로 나아갈 것이다.

그들이 첫째 부활에 참여하여 천 년 동안 주님과 함께 이 땅에서 왕으로 서게 될 것이다.

이는 장자 이스라엘을 위로하시는 시간이 또한 될 것이다.

아버지께서는 이사야 61장에서 그 위로의 시간을 언급하고 계신다.

> 여호와의 은혜의 해와 우리 하나님의 보복의 날을 선포하여 모든 슬픈 자를 위로하되
> [사 61:2]

위의 말씀은 보복의 날 곧 신원의 날을 통해 아버지께서 교회인 신부를 구원하심과 더불어 이스라엘 민족 가운데 베푸시는 은혜의 해를 같이 선포하고 있는 것이다.

여기서 이스라엘에게 주시는 은혜의 해는 곧 천년왕국의 시간인 것이다.

은혜의 해는 7년 대환란이 끝난 후의 사건들을 보여주고 있다.

무너진 곳과 황폐해진 곳을 다시 일으키며 첫째 부활에 참여한 그들이 영광을 얻어 자랑하며, 그렇게 이 땅의 왕들로 주님과 함께 천년의 시간을 보내게 될 것이다.

이사야 4장은 그 은혜의 해를 보다 자세히 설명해 주고 있다.

> 그 날에 일곱 여자가 한 남자를 붙잡고 말하기를 우리가 우리 떡을 먹으며
> 우리 옷을 입으리니 다만 당신의 이름으로 우리를 부르게 하여
> 우리가 수치를 면하게 하라 하리라
> 그 날에 여호와의 싹이 아름답고 영화로울 것이요
> 그 땅의 소산은 이스라엘의 피난한 자를 위하여 영화롭고 아름다울 것이며
> 시온에 남아 있는 자, 예루살렘에 머물러 있는 자
> 곧 예루살렘 안에 생존한 자 중 기록된 모든 사람은 거룩하다 칭함을 얻으리니
> 이는 주께서 심판하는 영과 소멸하는 영으로 시온의 딸들의 더러움을 씻기시며
> 예루살렘의 피를 그 중에서 청결하게 하실 때가 됨이라
> 여호와께서 거하시는 온 시온 산과 모든 집회 위에 낮이면 구름과 연기,
> 밤이면 화염의 빛을 만드시고 그 모든 영광 위에 덮개를 두시며
> 또 초막이 있어서 낮에는 더위를 피하는 그늘을 지으며
> 또 풍우를 피하여 숨는 곳이 되리라
> [사 4:1~6]

그리고 이사야 2장 2절의 말씀은 보다 명확하게 그 때를 설명하고 있다.

> 말일에 여호와의 전의 산이 모든 산 꼭대기에 굳게 설 것이요
> 모든 작은 산 위에 뛰어나리니 만방이 그리로 모여들 것이라
> [사 2:2]

이스라엘의 은혜의 해와 관련한 말씀들은 아래의 〈표 5-5〉와 같다.

〈표 5-5〉 은혜의 해 (천년 왕국)

말씀	내역
계 20:4~5	천년왕국
사 2:2	말일에 여호와의 전의 산이 설 것
사 2:3~4	여호와의 산에 오르며 야곱의 하나님의 전에 이르름
사 4:2~6	생존한 자들의 삶
사 35:8~10	왕(첫째 부활한 자)의 대로
사 41:18	골짜기 가운데 샘이 남
사 42:13~15	살아남은 자들이 기뻐함, 동방에서 하나님을 찬양함
사 49:6	이스라엘 중에 보전된 자를 돌아오게 하심
사 49:11~13	여호와께서 그의 백성을 위로하심(천년 왕국)
사 62:12	버림 받지 아니한 성읍이라 하심
슥 2:4~5	예루살렘은 성곽 없는 성읍이 될 것임
슥 2:10~13	그 날에 많은 나라가 여호와께 속하여 하나님의 백성이 될 것
	다시 예루살렘을 택하심
슥 8:23	이방 백성 열 명이 유다 사람 하나의 옷자락을 잡을 것임
슥 14:8~9	그 날에 생수가 예루살렘에서 솟아남
슥 14:16~19	남은 자가 해마다 여호와께 초막절을 지킴(천년 왕국)
미 4:1~2	여호와의 전의 산이 산들의 꼭대기에 굳게 섬
	여호와의 산에 올라가서 하나님의 전에 이름
겔 45	구역을 나누심, 예물을 군주에게 드림
	유월절을 칠일 동안 지킴

이처럼 아버지께서는 천년왕국의 시간동안 이스라엘을 다시 영화롭게 할 것이다.

그리고 이스라엘은 교회를 품은 여인으로 묘사되고 있다.

> 여자가 아들을 낳으니 이는 장차 철장으로 만국을 다스릴 남자라
> 그 아이를 하나님 앞과 그 보좌 앞으로 올려가더라
> [계 12:5]

여자는 이스라엘이며, 아들은 신부인 교회를 의미한다.

만국을 다스릴 남자는 곧 신부이며, 부활의 몸을 입고 구름 위로 끌어 올려질 것을 말씀하고 있다.

> 그 여자가 큰 독수리의 두 날개를 받아 광야 자기 곳으로 날아가 거기서
> 그 뱀의 낯을 피하여 한때와 두 때와 반 때를 양육 받으매
> [계 12:14]

그렇게 이 땅에 남은 이스라엘은 환란 전반기 동안 준비된 광야에서 양육 받게 된다.

우리는 복음에 빚진 자들로 장자 이스라엘의 회복을 위해 기도해야 한다.

4. 하나님의 비밀

일곱 번째 나팔에서 하나님의 그 비밀이 이루어지게 된다.

> 일곱째 천사가 소리 내는 날 그의 나팔을 불려고 할 때에
> 하나님이 그의 종 선지자들에게 전하신 복음과 같이
> 하나님의 그 비밀이 이루어지리라 하더라
> [계 10:7]

일곱 번째 나팔에 대한 보다 자세한 장면의 말씀은 요한계시록 11장 15~19절이다. 특히 요한계시록 11장 18~19절의 말씀을 통해 신부의 결혼예식 장면과 거룩한 성 새 예루살렘에 입성하는 장면을 보게 된다.

> 이방들이 분노하매 주의 진노가 내려 죽은 자를 심판하시며
> 종 선지자들과 성도들과 또 작은 자든지 큰 자든지 주의 이름을 경외하는 자들에게
> 상 주시며 또 땅을 망하게 하는 자들을 멸망시키실 때로소이다 하더라
> 이에 하늘에 있는 하나님의 성전이 열리니 성전 안에 하나님의 언약궤가 보이며
> 또 번개와 음성들과 우레와 지진과 큰 우박이 있더라
> [계 11:18~19]

이처럼 일곱 번째 나팔은 신부인 교회와 관련되어 있다.

사도 바울은 그 비밀에 대해 말하고 있다.

> 보라 내가 너희에게 비밀을 말하노니 우리가 다 잠잘 것이 아니요
> 마지막 나팔에 순식간에 홀연히 다 변화되리니 나팔 소리가 나매
> 죽은 자들이 썩지 아니할 것으로 다시 살아나고 우리도 변화되리라
> [고전 15:51~52]

그 비밀은 바로 부활의 열매인 것이다.

마지막 나팔 소리에 죽은 자들과 산자들의 부활이 있게 되며, 그리스도의 형상으로 변화되어 구름 위로 끌어 올려지며, 혼인예식에 참여하여 거룩한 성 새 예루살렘으로 들어가는 것을 말씀하고 계시는 것이다.

이것이 아버지께서 그 종 선지자들에게 전하신 복음인 것이다.
부활의 영광의 소망이 곧 우리의 믿음인 것이며, 우리가 받은 복음인 것이다.

> 우리가 주의 말씀으로 너희에게 이것을 말하노니
> 주께서 강림하실 때까지 우리 살아남아 있는 자도
> 자는 자보다 결코 앞서지 못하리라
> 주께서 호령과 천사장의 소리와 하나님의 나팔 소리로 친히 하늘로부터 강림하시리니
> 그리스도 안에서 죽은 자들이 먼저 일어나고
> 그 후에 우리 살아남은 자들도 그들과 함께 구름 속으로 끌어 올려
> 공중에서 주를 영접하게 하시리니 그리하여 우리가 항상 주와 함께 있으리라
> [살전 4:15~17]

사도 바울은 골로새서에서 그 비밀에 대해 분명하게 말하고 있다.
그 비밀의 영광이 얼마나 풍성한지를 알려주고 계시며 영광의 소망가운데 바라보게 하셨다.

> 하나님이 그들로 하여금 이 비밀의 영광이 이방인 가운데 얼마나 풍성한지를
> 알게 하려 하심이라 이 비밀은 너희 안에 계신 그리스도시니 곧 영광의 소망이니라
> [골 1:27]

부활의 몸은 우리가 생각할 수 없는 너무나도 큰 영광과 은혜인 것이다.

이러한 부활의 몸은 창세 전에 예수 그리스도를 통한 구원사를 뜻하시면서부터 예정하신 것이다.

부활의 몸과 관련한 말씀들을 통하여 보다 분명히 알 수 있다.

> 오직 은밀한 가운데 있는 하나님의 지혜를 말하는 것으로서 곧 감추어졌던 것인데
> 하나님이 우리의 영광을 위하여 만세 전에 미리 정하신 것이라
> [고전 2:7]

> 이 비밀은 만세와 만대로부터 감추어졌던 것인데 이제는 그의 성도들에게 나타났고
> [골 1:26]

> 영원부터 만물을 창조하신 하나님 속에 감추어졌던 비밀의 경륜이
> 어떠한 것을 드러내게 하려 하심이라
> 이는 이제 교회로 말미암아 하늘에 있는 통치자들과 권세들에게
> 하나님의 각종 지혜를 알게 하려 하심이니
> [엡 3:9~10]

이 비밀은 예수그리스도께서 공중에 강림하실 때 영광가운데 드러나게 될 것이다.

하나님의 그 비밀은 바로 신부인 교회가 받게되는 부활의 몸인 것이다.

> 이는 너희가 죽었고 너희 생명이 그리스도와 함께 하나님 안에 감추어졌음이라
> 우리 생명이신 그리스도께서 나타나실 그 때에
> 너희도 그와 함께 영광 중에 나타나리라
> [골3:3~4]

그 날의 시작
신원의 날...

6장 그 날

> 우리가 다 수건을 벗은 얼굴로 거울을 보는 것 같이 주의 영광을 보매
> 그와 같은 형상으로 변화하여 영광에서 영광에 이르니
> 곧 주의 영으로 말미암음이니라
> [고후 3:18]

Chapter **6**

6장 그 날

신원의 날은 주님께서 공중에 강림하시는 주님의 날이다.

그 날은 아버지께서 이스라엘을 침략하러 온 열국을 심판하시는 날이기도 하다.

이 모든 것은 예정되어 있으며, 그 연월일시에 사람 1/3이 죽임을 당하는 날이다.

끝날 여호와의 날에 모인 그들을 심판하실 그 때, 신부인 교회를 부활의 영광 가운데 부르시게 될 것이다.

앞서 살펴보았던 내용들을 토대로 크게 네 부분으로 구분 지어 정리하고자 한다.

1. 곡과 마곡 전쟁

그 날은 이스라엘의 전쟁으로 시작된다.

아버지께서 신원하여 주시는 전쟁의 날과 관련된 말씀들은 아래의 〈표 6-1〉과 같다.

〈표 6-1〉 곡과 마곡의 전쟁

말씀	내역
욜 1:6	다른 한 민족이 아버지 땅에 올라 옴
욜 2:1~11	여호와의 날, 많고 강한 백성이 이르름

욜 3:2	만국을 모아 여호사밧 골짜기에서 국문하심
옵 1:15	여호와의 만국을 벌할 날, 너의 행한 것이 머리로 돌아갈 것
겔 38:16	구름이 땅을 덮음같이 이스라엘을 치러 옴
습 1:7~18	여호와의 날, 배반한 자들을 멸절하심
습 2:1~2	여호와의 분노의 날, 수치를 모르는 백성이 모임
미 2:3	이 족속에게 재앙을 계획하심, 재앙의 때
미 5:1	떼를 모음, 막대기로 이스라엘 재판자의 뺨을 침
나 1:4~9	보복하시는 하나님, 대적들을 흑암으로 쫓으심
합 3:3~16	하나님의 영광이 보임, 역병과 불덩이, 여러 나라를 밟으심
	우리를 치러 올라오는 환난 날을 기다림
슥 12:9	예루살렘을 치러 오는 이방 나라들을 그 날에 멸하심

아버지께서는 모인 그 때 위에 진노를 쏟아 부으시게 된다.

이는 우리를 위하여 신원하여 주시는 날이기 때문이다.

2. 열국에 대한 하나님의 심판

이스라엘을 둘러싼 군대들과 이방 나라들 가운데 아버지께서는 진노를 쏟아 부으신다.

그 날은 어둠의 날이요 하늘의 권능이 흔들리는 날이며, 하늘과 땅이 진동되어지는 날이다.
또한 불과 유황으로 심판하시는 날이다.

그와 관련한 말씀들은 아래의 〈표 6-2〉와 같다.

〈표 6-2〉 열국에 대한 하나님의 심판

말씀	내역
욜 3:12~14	열국을 다 심판 하심, 해와 달이 캄캄하며 별들이 빛을 거둠
욜 2:20	북편 군대를 멀리 떠나게 함, 상한 냄새가 일어남
욜 3:16	예루살렘에서 목소리를 발하리니 하늘과 땅이 진동 됨
학 2:6~7	조금 있으면 내가 하늘과 땅과 바다와 육지를 진동시킬 것
옵 1:15	여호와의 만국을 벌할 날, 행한 것이 네 머리로 돌아 감
말 4:1	극렬한 풀무불 같은 날, 교만한 자와 악을 행하는 자들을 태우심
사 34:4~5	하늘의 만상이 사라지고 하늘들이 두루마리 같이 말림
	여호와의 칼이 멸망으로 정한 백성 위에 내리심
사 60:2	어둠이 땅을 덮음, 여호와께서 네 위에 임하심, 영광이 나타남
계 6:12	여섯째 인, 큰 지진이 나며 해가 검어지고 달이 피같이 됨
마 24:29	해와 달이 어두워짐, 별들이 하늘에서 떨어지며 하늘의 권능들이 흔들림
눅 21:26~27	사람들이 세상에 임할 일을 생각하고 무서워 함, 하늘의 권능들이 흔들림
	그 때에 사람들이 인자가 구름을 타고 능력과 큰 영광으로 오는 것을 봄
막 13:24~26	해와 달이 빛을 내지 아니함
	별들이 하늘에서 떨어지며 하늘에 있는 권능들이 흔들림
	그 때에 인자가 구름을 타고 큰 권능과 영광으로 오는 것을 사람들이 봄
시 11:6	악인에게 그물을 던지심, 불과 유황과 태우는 바람
눅 17:29~30	하늘로부터 불과 유황이 비 오듯 함, 인자가 나타나는 날
계 9:18	불과 연기와 유황, 사람 삼 분의 일이 죽임을 당함
겔 38:22	전염병과 피로 그를 심판, 쏟아지는 폭우와 큰 우박 덩이와 불과 유황으로 비를 내리듯 하심

이처럼 열국에 대한 심판이 있는 날은 어둠의 날이며 불과 유황으로 심판하시는 날인 것이다.

3. 주님의 영광이 나타나며 부활의 열매가 맺어짐

이스라엘에 대한 심판이 이뤄지기 바로 직전에 롯을 소돔과 고모라에서 건져 내셨던 것처럼 신부인 교회를 끌어올리시게 된다.

> 롯이 소돔에서 나가던 날에 하늘로서 불과 유황이 비 오듯 하여
> 저희를 멸하였느니라 인자의 나타나는 날에도 이러하리라
> [눅 17:29~30]

그 날 주님의 영광을 보게 되는 장면들과 그 영광을 본 신부인 교회가 부활의 열매로 나아가는 장면을 아래의 〈표 6-3〉을 통해 볼 수 있다

〈표 6-3〉 주님의 영광과 부활의 열매

말씀	내역
습 2:3	분노의 날에 숨김을 얻음
슥 12:10~14	찌른바 그를 보고 그를 위하여 애통해함
단 12:1~3	자는 자 중에 많이 깨어 영생을 얻는 자가 있음
살전 4:15~17	호령과 천사장의 소리와 하나님의 나팔로 강림
	죽은 자들과 산 자들이 구름 속으로 끌어 올려짐
벧후 3:10	하늘이 큰 소리로 떠나감, 물질이 뜨거운 불에 풀어짐
계 6:15~16	굴과 산들이 바위틈에 숨어 보좌에 앉으신 이의 얼굴에서와 그 어린 양의 진노에서 가리라 함
눅 21:25~27	일월성신에 징조, 하늘의 권능들이 흔들림
	사람들이 인자가 구름을 타고 능력과 큰 영광으로 오는 것을 봄
살후 1:7	천사들과 함께 하늘로부터 불꽃 중에 나타나심
겔 38:23	여러 나라의 눈에 아버지를 알게 하심
마 24:29~31	해와 달이 어두워짐, 권능들이 흔들림
	그 때에 땅의 모든 족속들이 통곡함, 인자가 구름을 타고 오는 것을 봄
막 13:23~27	해와 달이 빛을 내지 않음, 별들이 떨어짐
	하늘의 권능들이 흔들림, 그 때에 인자가 구름을 타고 오는 것을 사람들이 봄

이와 같이 주님께서 공중에 강림하실 때 많은 사람들이 주님을 보게 될 것이다.

그리고 인침을 받은 주님의 신부인 교회는 그 영광의 얼굴 빛을 보고 영광에서 영광으로 나아가 부활의 몸을 입고 주님을 영접하게 될 것이다.

> 우리가 다 수건을 벗은 얼굴로 거울을 보는 것 같이 주의 영광을 보매
> 그와 같은 형상으로 변화하여 영광에서 영광에 이르니
> 곧 주의 영으로 말미암음이니라
> [고후 3:18]

4. 이스라엘의 민족적 회개

신부인 교회가 부활의 열매로 나아간 후 이스라엘은 그 날 부어진 은총으로 인하여 애통해하며 회개함 가운데 나아가게 된다.

이스라엘 민족 가운데 회개함으로 나아간 그들은 7년 대환란 기간 동안 준비되어진 광야의 한 곳에서 3년 반 양육 받게 될 것이다.

이와 같은 말씀은 아래의 〈표 6-4〉와 같다.

〈표 6-4〉 이스라엘의 민족적 회개

말씀	내역
슥 12:10~14	예루살렘 주민에게 은총과 간구하는 심령을 부어주심
	찌른바 그를 보고 그를 위하여 애통해 함
사 60:2~3	여호와께서 임하실 것이며 그 영광이 나타남
	열방은 네 빛으로, 열왕은 네 광명으로 나아옴
슥 13:1	그 날에 죄와 더러움을 씻는 샘이 다윗의 족속과 예루살렘 거민을 위하여 열림

욜 2:32	시온산과 예루살렘에서 피할 자가 있을 것임
	남은 자 중에 여호와의 부름을 받을 자가 있음
계 12:14	광야 자기 곳으로 날아가 거기서 그 뱀의 낯을 피하여 한때와 두 때와 반 때를 양육 받음

이와 같이 신원의 날은 이스라엘을 향한 전쟁으로 시작하게 된다.

그리고 아버지의 진노가 쏟아지기 전에 인치심이 있게 되며, 불과 유황으로 심판하시기 바로 직전에 신부인 교회를 건져 내시게 된다.

이를 본 이스라엘의 남은 자들은 대환란의 전반기 때 광야에서 양육되어지며, 환란 후반기에 이르러 목 베임으로 죽임을 당하게 되는 것이다.

환란 후반기에 목 베임을 당하여 죽은 그들이 첫째 부활에 참여하여 천년왕국에서 주님과 함께 이 땅에서 땅의 왕들로 살게 될 것이다.

> 또 내가 보좌들을 보니 거기에 앉은 자들이 있어 심판하는 권세를 받았더라
> 또 내가 보니 예수를 증언함과 하나님의 말씀 때문에
> 목 베임을 당한 자들의 영혼들과 또 짐승과 그의 우상에게 경배하지 아니하고
> 그들의 이마와 손에 그의 표를 받지 아니한 자들이 살아서
> 그리스도와 더불어 천 년 동안 왕 노릇 하니
> (그 나머지 죽은 자들은 그 천 년이 차기까지 살지 못하더라)
> 이는 첫째 부활이라
> 이 첫째 부활에 참여하는 자들은 복이 있고 거룩하도다.
> 둘째 사망이 그들을 다스리는 권세가 없고 도리어
> 그들이 하나님과 그리스도의 제사장이 되어
> 천 년 동안 그리스도와 더불어 왕 노릇 하리라
> [계 20:4~6]

그렇게 천년이 지난 뒤에 새 하늘과 새 땅 가운데 임하는 거룩한 성 새루살렘에서 첫째 부활의 열매인 신부인 하나님의 아들들과 이 땅에서 천 년 동안 왕 노릇 한 첫째 부활에 참여한 땅의 왕들이 만나게 될 것이다.

만국이 그 빛 가운데로 다니고 땅의 왕들이 자기 영광을 가지고 그리로 들어가리라
[계 21:24]

그 날의 시작 신원의 날...

7장 지성소와 거룩한 성 새 예루살렘

가서 너희를 위하여 거처를 예비하면 내가 다시 와서 너희를 내게로 영접하여
나 있는 곳에 너희도 있게 하리라
[요 14:3]

Chapter **7**

7장 지성소와 거룩한 성 새 예루살렘

신원의 날 신부인 교회는 주님께서 준비해 주신 처소로 들어가게 된다.
그 곳이 바로 거룩한 성 새 예루살렘이다.

> 가서 너희를 위하여 거처를 예비하면 내가 다시 와서
> 너희를 내게로 영접하여 나 있는 곳에 너희도 있게 하리라
> [요 14:3]

우리가 들어갈 본향인 그 곳 "거룩한 성 새 예루살렘"을 볼 수 있도록 아버지께서는 우리에게 성막과 지성소를 주셨다.

1. 지성소

이스라엘이 출애굽을 한 것은 영적인 의미에서 보면 신부인 교회가 하나님 나라로 들어가는 것의 의미를 담고 있다.
하나님께서는 모세를 통하여 하나님의 나라를 볼 수 있도록 광야에 성막을 짓도록 하셨다.

히브리서 8장과 9장의 말씀을 보면 그것은 하늘에 있는 것들의 모형이라고 표현되고 있다.

> 그들이 섬기는 것은 하늘에 있는 것의 모형과 그림자라
> 모세가 장막을 지으려 할 때에 지시하심을 얻음과 같으니
> 이르시되 삼가 모든 것을 산에서 네게 보이던 본을 따라 지으라 하셨느니라
> [히 8:5]

말씀에서와 같이 장막은 곧 하늘에 있는 것의 모형이다.

또한 히브리서 9장의 말씀을 보면 성막은 참 것의 그림자인 것을 알 수 있다.

> 그러므로 하늘에 있는 것들의 모형은 이런 것들로써 정결하게 할 필요가 있었으나
> 하늘에 있는 그것들은 이런 것들보다 더 좋은 제물로 할지니라
> 그리스도께서는 참 것의 그림자인 손으로 만든 성소에 들어가지 아니하시고
> 바로 그 하늘에 들어가사 이제 우리를 위하여 하나님 앞에 나타나시고
> [히 9:23~24]

하늘에 있는 참 것이 무엇인지 이해하기 위해 성막의 구조와 지성소의 구조 등을 살펴보아야 한다.

성막이 가지고 있는 의미와 기능들에 대해서는 신학적 정립이 되어 있다.

성막을 들어가 번제단과 물두멍을 지나 성소로 들어가게 된다.

그리고 휘장너머 지성소가 있다.

지성소 안에는 시은좌 곧 하나님의 은혜의 보좌가 있다.

향후 성막은 성전으로 발전하였으나 그 곳에서의 지성소의 의미는 동일하다.

하늘의 참 것을 이해하기 위해 지성소의 구조를 이해해야만 한다.

성막의 높이와 폭은 10규빗이며, 길이는 총 30규빗이다.

성막의 총길이를 3등분하여 보변 지성소가 10규빗 그리고 나머지 20규빗이 성소의 길이이다.

이것을 기준으로 지성소를 보게 되면 높이와 너비와 길이가 모두 같은 정육면체인 것을 알게 된다.

지성소는 하나님의 임재와 그리고 보좌를 의미한다. 이것은 하나님께서 우리와 함께 하심을 의미하는 것이다.

정육면체의 의미를 가지고 있는 참 것의 그림자인 지성소를 통해 우리는 참 것을 볼 수 있게 된다.

바로 참 것에 대한 말씀은 요한계시록 21장 16절을 통하여 알 수 있다.

> 그 성은 네모가 반듯하여 길이와 너비가 같은지라 그 갈대 자로 그 성을 측량하니 만 이천 스다디온이요 길이와 너비와 높이가 같더라
> [계 21:16]

하늘에 있는 것의 모형인 지성소, 그리고 참것의 그림자인 지성소를 통해 우리가 보게 되는 것은 바로 "거룩한 성 새 예루살렘"인 것이다.

2. 거룩한 성 새 예루살렘

앞서 살펴 보았듯이 지성소는 곧 "거룩한 성 새 예루살렘"을 예표하고 있다.
지성소에 들어갈 자격이 있는 사람은 그 해 대제사장이다.

대제사장이 지성소에 들어가 시은좌 위에 속죄의 피를 쏟으며 중보했던 장소가 바로 지성소인 것이다.

대제사장이 하나님의 임재안으로 들어가는 놀라운 사건이 바로 그 곳에서 이뤄지게 되는 것이다.
이와 같이 지성소에서 일어나는 모든 일들이 새 하늘과 새 땅 가운데 임하는 거룩한 성 새 예루살렘에서 모두 이뤄지게 될 것이다.

> 성 안에서 내가 성전을 보지 못하였으니
> 이는 주 하나님 곧 전능하신 이와 및 어린 양이 그 성전이심이라
> [계 21:22]

친히 하나님께서 우리와 함께 하시는 곳이 바로 거룩한 성 새 예루살렘인 것이다. 바로 그분이 성전이시기 때문이다.
다시는 성막이나 성전의 의미가 필요치 않게 되는 것이다.
그것의 본질이신 하나님과 예수 그리스도께서 우리와 함께 하시기 때문인 것이다. 이것은 삼위일체이신 하나님과 신부인 교회가 그 안에서 하나됨을 의미하는 것이다.

하나님께서는 우리를 하나님의 밭이요 집이라고 말씀하셨다.

> 우리는 하나님의 동역자들이요 너희는 하나님의 밭이요 하나님의 집이니라
> [고전 3:9]

그 이유는 우리가 거룩한 성 새 예루살렘에서 하나님과 함께 하게 될 것이기 때문이다.

> 내가 들으니 보좌에서 큰 음성이 나서 이르되 보라 하나님의 장막이
> 사람들과 함께 있으매 하나님이 그들과 함께 계시리니
> 그들은 하나님의 백성이 되고 하나님은 친히 그들과 함께 계셔서
> [계 21:3]

예수 그리스도께서는 자신의 피로 영원한 속죄를 이루셔서 단번에 성소에 들어가셨다. 그것은 바로 우리에게 주시는 새로운 살 길인 것이다.

> 그 길은 우리를 위하여 휘장 가운데로 열어 놓으신 새로운 살 길이요
> 휘장은 곧 그의 육체니라
> [히 10:20]

> 소와 송아지의 피로 하지 아니하고 오직 자기의 피로 영원한 속죄를 이루사
> 단번에 성소에 들어가셨느니라
> [히 9:12]

이처럼 예수그리스도의 피로 구속함을 받은 신부인 교회는 부활의 몸을 입고 그렇게 지성소(거룩한 성 새 예루살렘)로 들어가게 되는 것이다.

하나님께서는 우리를 왕 같은 제사장이라고 하셨다.

> 그러나 너희는 택하신 족속이요 왕 같은 제사장들이요 거룩한 나라요
> 그의 소유가 된 백성이니 이는 너희를 어두운 데서 불러 내어
> 그의 기이한 빛에 들어가게 하신 이의 아름다운 덕을 선포하게 하려 하심이라
> [벧전 2:9]

교회인 신부가 왕 같은 제사장이라 칭함을 받게 되는 이유는 바로 지성소인 거룩한 성 새 예루살렘에 들어갈 자격을 얻은 자가 신부이기 때문이다.

거룩한 성 새 예루살렘에서 아버지와 함께 영원히 살아가게 될 것이기 때문이다.

그것은 예수 그리스도의 보배로운 피로 된 것이다.

또한 우리는 아직 거룩한 성 새 예루살렘에 나아가지 못하였지만 이러한 의미를 깨닫고 그 보좌앞으로 신부인 교회가 담대히 나아가기를 하나님께서는 원하고 계신다.

> 그러므로 우리는 긍휼하심을 받고 때를 따라 돕는 은혜를 얻기 위하여
> 은혜의 보좌 앞에 담대히 나아갈 것이니라
> [히 4:16]

아직 이뤄지지 않았지만 우리는 담대히 은혜의 보좌 앞으로 나아갈 수 있다.

또한 그 곳 거룩한 성 새 예루살렘을 소망중에 바라보며 더욱 큰 갈망 가운데 나아가야 한다.

예수 그리스도를 통하여 하나님과 하나되게 하심, 바로 이것이 하나님께서 우리를 향하신 계획인 것이다.

> 하늘에 있는 것이나 땅에 있는 것이 다 그리스도 안에서 통일되게 하려 하심이라
> [엡 1:10]

> 만일 땅에 있는 우리의 장막 집이 무너지면 하나님께서 지으신 집
> 곧 손으로 지은 것이 아니요 하늘에 있는 영원한 집이 우리에게 있는 줄 아느니라
> 참으로 우리가 여기 있어 탄식하며 하늘로부터 오는
> 우리 처소로 덧입기를 간절히 사모하노라
> [고후 5:1~2]

하나님의 날이 임하기를 바라보고 간절히 사모하라
그 날에 하늘이 불에 타서 풀어지고 물질이 뜨거운 불에 녹아지려니와
[벧후 3:12]

그 날의 시작 신원의 날...

에필로그

> 여호와의 은혜의 해와 우리 하나님의 신원의 날을 전파하여
> 모든 슬픈 자를 위로하되
> [사 61:2]

에필로그

　이 책을 통하여 신원의 날의 의미와 그 날이 여호와의 날, 진노의 날, 어둠의 날, 구름의 날, 형벌의 날, 주님의 날과 같은 날이며 이 날이 바로 곧 예수 그리스도의 강림의 날인 것을 바로 이해할 수 있기를 간절히 원한다.

　이 날들은 바로 에스겔 38장에서 언급 하고 계시는 곡과 마곡의 전쟁의 날이다.

　그리고 요한계시록의 "일곱인"과 "일곱 나팔"이 그 날(신원의 날)과 관련한 것들인 것을 이해함으로, 적그리스도와 부활의 열매, 그리고 거룩한 성 새 예루살렘이 갖는 의미들을 보다 명확히 알 수 있게 된다.

　신원의 날과 관련된 모든 사건들이 가리키고 있는 것은 바로 신부인 교회가 부활의 몸을 입게 되는 주님 공중 강림의 날인 것이다.

　이제껏 신원의 날이 너무나 많이 감추어져 있었다.
　그러나 이제 그 날이 가까워짐으로 인하여 더욱 신원의 날에 대한 경고의 나팔을 불며 신부들을 깨워야 할 때가 되었다.

　신원의 날을 전파하며 슬픈 자들을 위로해야 할 때인 것이다.

> 여호와의 은혜의 해와 우리 하나님의 신원의 날을 전파하여
> 모든 슬픈 자를 위로하되
> [사 61:2]

많은 그리스도인들이 신원의 날을 깨닫게 되어 그 날을 간절히 사모함으로 나아가 그 날의 영광의 소망 가운데 서로를 위로하며 나아가기를 간절히 소원한다.

*하나님의 날이 임하기를 바라보고 간절히 사모하라
그 날에 하늘이 불에 타서 풀어지고 물질이 뜨거운 불에 녹아지려니와
[벧후 3:12]*

그 날의 시작
신원의 날

초판 인쇄 발행	2021년 11월 05일
지은이	빛나리
교정	이선화
펴낸이	이선화
펴낸곳	하늘.땅.사람
전화	02.417.5080
이메일	admin@heh.co.kr
홈페이지	www.heh.co.kr
등록일	2021년 10월 30일

ⓒ 저자와의 협약 아래 인지는 생략되었습니다.
이 출판물은 저작권법에 의해 보호를 받는 저작물이므로 무단전재와 무단 복제를 할 수 없습니다.

책값	₩9,500

저자: 빛나리
[충주] : 하늘·땅·사람, 2018
p.86, 148 * 210cm

ISBN 979-11-963564-5-3 (03230)

기독교 신앙 생활[基督教信仰生活]

하늘.땅.사람